建築学入門
シリーズ

西洋建築史

谷口 汎邦／監修　吉田 鋼市／著

森北出版株式会社

建築学入門シリーズ監修委員会

- ■委員長　谷口汎邦（東京工業大学名誉教授・工学博士）
- ■委　員　平野道勝（東京理科大学名誉教授・工学博士）
  - 乾　正雄（東京工業大学名誉教授・工学博士）
  - 若色峰郎（(前)日本大学教授・工学博士）
  - 柏原士郎（武庫川女子大学教授・工学博士）
  - 関口克明（日本大学教授・工学博士）

建築歴史・意匠分科会

- ■主　査　谷口汎邦（東京工業大学名誉教授・工学博士）
- ■委　員　河東義之（千葉工業大学教授・工学博士）
  - 藤岡洋保（東京工業大学教授・工学博士）
  - 吉田鋼市（横浜国立大学教授・工学博士）

（2007年4月現在）

本書のサポート情報などをホームページに掲載する場合があります．下記のアドレスにアクセスし，ご確認下さい．

http://www.morikita.co.jp/support

■本書の無断複写は著作権法上での例外を除き禁じられています．複写される場合は，そのつど事前に(社)出版者著作権管理機構（電話 03-3513-6969，FAX03-3513-6979，e-mail:info@jcopy.or.jp）の許諾を得てください．

シリーズ刊行の序

　人類進化の過程で人間と建築の関係は多様な歴史を経ている．地球環境の連続的な変化と集団生態としての人類の英知は地球上の各地域において独自の生活を開拓し，建築・都市の世界文化遺産を残してきた．

　しかし，地球上のどの地域にも人間が住む環境をつくることができるようになったのは，産業革命後のたかだか過去200年余りのことである．その後20世紀の科学・技術の急速な進歩は，地球環境の複雑で精緻なシステムに介入しはじめ，地球環境問題や資源・エネルギー問題を生じさせた．またこの100年の間世界人口が16億から64億へと爆発的に増加するなど，建築をとりまく自然環境・社会環境の不連続ともいえる変化が進行している．このような状況に対応することも21世紀の建築・都市の新しい課題であろう．20世紀のわが国近代化の歩みの中で育まれた独自の建築学，技術そして芸術の総合としての建築が国際的にも高い評価を得ている現在，グローバル社会の動向を踏まえながらも，国土固有の環境を再確認し，持続可能な環境文化として建築・都市・地域を発展させることが期待されている．建築学の専門分野としては，

　　（1）建築歴史・意匠　　　（2）建築計画・都市計画
　　（3）建築構造・建築材料　　（4）建築環境・設備

があり，これらを踏まえて建築設計と建築技術・生産活動が展開する．

　本シリーズは，はじめて建築の学習を志す方々のために編集されたもので高等専門学校，大学・短大とこれに準ずる学校を主たる対象として建築をつくる目標に向けて，その基礎基本の考え方と知識・技能の育成に供し，さらに建築設計という総合化プロセスに求められる思考と能力の習熟に資することを目標にしている．国によって定められる「建築士」には，一級建築士，二級建築士および木造建築士がある．現在，わが国では建築物のさらなる安全の確保を図るため，高度の専門能力を有する「構造設計一級建築士」または「設備設計一級建築士」の制度を設けている．本書は先述のごとく建築学の入門書として専門分野の基礎基本を学習する機会を提供することを意図したが，結果として建築士受験(二級および一級)の学習支援として役立つものとなろう．

　　　　　　　　　　　　　　　　　　　　　　　　　　　　監修委員会

建築歴史・意匠分科会　序文

　一般の科学や技術の学習・研究においても歴史を知ることは重要であるが，人類の主要な学術・技術の1つであり，かつ芸術でもある建築においては，歴史はさらに重要性を増す．それは，芸術が必ずしも一直線に進歩・発展するものではないのと同じように，建築も新しい建築がすべてにおいてすぐれているわけではないからである．したがって，少なくともその造形面においては，歴史から大いに学ぶ必要がある．あるいは，自然・風土との共生，機械や人工エネルギーに頼らない都市や住まいのあり方などにおいても，歴史は多くの有用な情報をもたらしてくれるであろう．それに，19世紀までは，過去の様式を学ぶことが，すなわち設計であったから，建築史は建築を学ぶ者の最重要課題であった．

　建築史は，いわゆるモダニズム（近代主義）の登場以来，それほど重要視されない時期もあったが，今日，歴史的景観の重視や，歴史的資産の保存活用という考えを背景に，再び注目されている．建築が専門でない人にも，まちづくりやまちおこし，あるいは郷土の歴史の探求のために，建築史を学ぶ人が多い．

　建築歴史・意匠分科会では，現在の建築の教育機関で普通行われている建築史の授業の分け方に従って，「日本建築史」「西洋建築史」そして「近代建築史」の3冊に分けて建築史の入門シリーズを刊行することにした．それぞれコンパクトな本ではあるが，情報量をできるだけ多くし，かつ読みやすく，読み物としても通読できるようにしようと努めた．この3書が，建築を初めて学ぶ人の入門書として読まれることはもちろん，広く一般の読者ができることを期待する次第である．

2007年4月

建築歴史・意匠分科会

まえがき

　建築のどういう側面に注目するかによって，技術史・生産史・社会史・文化史など，いくつかの建築史の記述がありうるが，本書の立場は基本的には美術史の一部としての建築史である．それは，通常「様式史」と呼ばれる学問で，これまでの西洋建築史の最もオーソドックスな方法とされる．つまり時代精神に大きく規定されて変わっていく造形の変遷を追うものであり，したがって一般的な時代背景の記述と，その下で展開した建築造形の特徴の記述を主眼としている．それぞれの様式の造形的気分を理解できるようになってもらうのが，本書の最大の目的である．

　わが国の西洋建築史は，ヨーロッパの建築史に加えてエジプトと西アジアの古代，それにビザンチンとイスラムというヨーロッパ周辺史を記述するのが普通である．本書も，その通例に従っている．しかし，それらは簡単に述べるにとどめ，古代のギリシアとローマおよび，中世以降のヨーロッパの建築の歴史を中心に記した．

　記述は，単なる実例の羅列に終わらず，歴史の大きな流れがとらえやすいように，また通読がしやすいように，少し大胆に文脈をつけるようにした．もちろん，実際の建築造形の変遷はより複雑で微妙であり，単純にはいかない面も多い．そうした細かな側面の探求は，この小さな本を足場として，たとえばこの「まえがき」の末尾に挙げたより専門的な書籍によって行ってほしい．さらに，全体を俯瞰できるように，様式の変遷と代表的な実例とを組み合わせた簡単な年表を作成した．そして，遺構のある場所がわかるように，その遺構が存在する現在の国や地名を図版のキャプションに入れるよう努めた．なお，平面図や断面図に添えられたスケール（縮尺）の単位にはメートルとフィートの両方がある．"m" と記したのがメートルで "f." と記したのがフィートであり，1f. はおよそ 0.3 m に相当する．

　学術用語のカタカナ表記は，基本的には日本建築学会編「建築学用語辞典」（岩

波書店）に従っている．それが，今日一応広く用いられている表記を示しているからである．しかし，近年はそれぞれの専門領域で，それとは異なるより原語に近い表記が行われるようにもなっており，そのほうがむしろ主流になっていることもある．そうした場合には，まず「建築学用語辞典」の表記を記し，同時により原語に近いとされる表記も併記するように努めた．

「建築学入門シリーズ」の通例に則って，各章の終わりに演習問題を記しているが，模範解答は掲げていない．演習問題は，いわば各章のポイントということで，各章の記述がすなわち模範解答ということになるからである．演習問題に答えられなければ，もう一度各章の本文を読み直してほしい．

それから，各遺構の建設年代であるが，これが非常に難しい．近世以降のものについては起工年と竣工年を記すようにしているが，文献によってしばしば数年のずれがみられるし，起工・竣工のどちらかしかはっきりしないものもある．これが中世以前の教会堂ともなると，数百年かけてつくられているものもあり，献堂と竣工とがかなり異なることもある．つまり，構想された建物は未完成ではあるが，一応の完成をもって教会堂として使い続けながら，建設を続行するといったことがしばしばみられる．建設年の記述が種々あるのはそのためであり，了解されたい．たった1つの建物の建設年の特定ですら，長い研究の成果によるものなのである．本書では建設年のデータは，主として以下の二書に基づいている．実際は，その他にも多くの通史・研究書を参照しているが，この二書を挙げるだけでお許し願いたい．

1）日本建築学会編『西洋建築史図集　三訂第二版』(1983年，彰国社)
2）『フレッチャー　世界建築の歴史』(1996年，西村書店)

最後に，このシリーズへの執筆参加を誘ってくださった藤岡洋保氏，図版の多い繁雑な編集を担当してくださった大湊国弘氏，そして図版原版の整理を手伝ってもらった金子信代さんの三氏に深く感謝する次第である．

2007年4月

著　者

目　次

序　章

1　建築の歴史における西洋の位置　◇ 1
2　西洋の建築の歴史通観　◇ 2
3　西洋の建築の一般的な特色　◇ 3
　演習問題　◇ 4

第1章　古代およびヨーロッパ建築周辺史

1.1　古代のエジプトと西アジアの建築　◇ 5
1.2　エーゲ海の建築と古代ギリシアの建築　◇ 12
1.3　古代ローマの建築　◇ 20
1.4　古典建築のオーダー　◇ 25
1.5　初期キリスト教とビザンチンの建築　◇ 27
1.6　イスラム建築　◇ 32
　演習問題　◇ 36

第2章　中　世

2.1　プレ・ロマネスクの建築　◇ 37
2.2　ロマネスクの建築　◇ 38
2.3　ゴシックの建築　◇ 48
2.4　中世の都市と世俗建築　◇ 58
　演習問題　◇ 64

第3章　ルネサンス以降のイタリア建築の展開

3.1　ルネサンスの建築　◇ 65
3.2　マニエリスムの建築　◇ 70
3.3　バロックの建築　◇ 76
3.4　様式変遷のモデルとしてのイタリア近世の建築　◇ 81
　演習問題　◇ 82

第4章　イタリア以外のヨーロッパの近世建築

4.1　フランス ◇ 83
4.2　ネーデルラントとスペイン ◇ 91
4.3　ドイツとオーストリア ◇ 97
4.4　イギリス ◇ 102
4.5　東欧とロシアと北欧 ◇ 107
4.6　ロココとバロック ◇ 110
　演習問題 ◇ 112

第5章　新古典主義と19世紀の建築

5.1　新古典主義 ◇ 113
5.2　ピクチュアレスクとポリクロミー ◇ 120
5.3　ゴシック・リヴァイヴァル ◇ 124
5.4　ロマンティシズムと様式の相対化 ◇ 127
5.5　鉄とガラス ◇ 133
　演習問題 ◇ 137

図版出典 ◇ 138
西洋建築史概略年表 ◇ 140
索　引 ◇ 142

序章

1. 建築の歴史における西洋の位置

　日本における建築史の教育は，従来から西洋建築史と日本建築史と近代建築史の3本立てで行われてきている．このうち，西洋建築史の教育が最も古くから行われているが，それは西洋の過去の建築の意匠が現実の設計に用いられており，歴史を学ぶことと設計を学ぶことがほとんど同じだという時代の背景があったからである．しかし，今日では20世紀以降の西洋の建築はともあれ，19世紀までの西洋の建築の造形が設計に直接用いられることはまずないであろう．だとすれば，外国の建築史の中で西洋建築史を特別に学ぶ必要はなく，建築史の教育は日本建築史と近代建築史と世界建築史であるべきだという考えが当然ながら起こってくる．現に，東洋建築史の講義が多くの教育機関で行われているし，西洋建築史の建築の教育に占める位置はしだいに小さくなっているようにみえる．

　それにもかかわらず，西洋の建築史を学ぶ意味はどこにあるだろう．1つは，今日の世界を大きく規定している近代を西洋がつくったからであり，近代建築のルーツが西洋にあるからだというものである．しかし，もっと大きな理由は西洋の建築に関する歴史的研究の蓄積の厚さと，歴史的事例の豊富さにある．つまり，西洋の建築は各時代の遺構が非常にたくさんあり，それらのほとんどすべてのものが長い間の研究によって建てられた時代がはっきりしている．したがって，建築の造形の変化に普遍的な法則がもしあるとすれば，その法則性を探るのに格好の材料を提供してくれるし，新しい時代を模索するためのヒントを与えてくれるのである．そのうえ，建築に関わる言説も豊富に記録され，残されており，各時代の建物がいかなる意図をもって，いかなる手段で建てられたかがよく推測できる．そうした参照可能性において，いまでも西洋の建築にまさるものはないであろう．

　建築が学術・技術と芸術の総合的な営為であり，芸術が単純な発展史を示すものではなく絶えず遡行的に学習されるものである限り，現在を考え，未来に思いをはせるためには，ときに過去を振り返ることが必要である．その際，西洋の建築の歴史は今日でも最も豊かな情報をもたらしてくれるのである．

2. 西洋の建築の歴史通観

　西洋の建築の歴史は，19世紀前半まではもっぱらヨーロッパの建築の歴史であり，19世紀後半以降にアメリカが独自の展開を示すけれども，あくまでも主流はヨーロッパであった．したがって西洋建築史はヨーロッパ建築史とほぼ同じである．その大きな文化的統合体としてのヨーロッパ世界が成立したのが中世であり，ヨーロッパの建築史は中世から始めるのが本来である．しかし，日本における西洋建築史は古代から書き始められるのが通常であり，本書もその習慣にしたがって，古代の建築から始める．ただし，エジプトや西アジアの古代については簡単に触れるにとどめ，ヨーロッパの建築に直接大きく影響を与えたギリシアとローマについてくわしく述べたい．ヨーロッパの人たちは，ギリシア・ローマを「古典古代」と呼んでほかの古代と区別し，自分たちの文化的ルーツとみなしたのである．同じく，日本における西洋建築史はビザンチンとイスラムというヨーロッパの前時代もしくは同時代の周辺の建築史についても多少の記述を加えるのが慣例であるが，これらについても簡単に触れるにとどめたい．要するに，本書は古代ギリシア・ローマの建築と中世以降のヨーロッパの建築の歴史を扱ったものである．

　中世以降のヨーロッパの建築史は，様式（スタイル）の変遷として書かれるのが普通であり，本書もそれに従っている．中世の様式はロマネスクとゴシックの2つ，近世はルネサンス，マニエリスム，バロックの3つである．なお，近世という概念はヨーロッパには存在せず，ルネサンス以降は連続的に近代につながっていくのだが，便宜的にこの近世という概念を用いることとする．また，この5つのほかにプレ・ロマネスクとロココという様式名も用いられるが，後にそれぞれの該当部分でくわしく述べるように，この2つは先の5つほど独自性を持たないとみなされる．要するに，ヨーロッパの建築の歴史は，この5つの様式が変遷し，その後に19世紀が位置して近代に至ることになるが，本書の主眼は上の5つの様式の区別と，その変化の様態を理解することにある．

■2つの文化的ルーツ

　さて，図式的に捉えれば，一般にヨーロッパの文化は2つの異なった要素からなるとされる．1つは古代ギリシア・ローマ的（クラシック的），ラテン的要素であり，もう1つはキリスト教的，ゲルマン的要素である．前者は目にみえるものを尊び，現実的であり，アポロ的・「ねあか」的であり，したがって造形芸術にその真価を発揮する．後者は目にみえない超越的なものを尊び，瞑想的であり，ディオニュソス的・「ねくら」的であり，したがって文学・音楽にその真価を発揮する．その担い手の中枢は，前者がイタリアを中心とするアルプス以南，後者がイギリス・ドイツを中心とするアルプス以北であり，フランスはその双方に関わっているということになる．時代的にみれば，中世は後者が優勢であったときであり，ルネサンス以降は前者が優勢だったときである．そして，ヨーロッパの地がおおむね

ローマの植民地であった古代は,もちろん前者が力を及ぼした時代であり,近代はおそらく後者が優勢になった時代であろう.

このように,ヨーロッパの文化の歴史はこの2つの要素が交互に優勢になった歴史であり,建築の歴史もまたそうであった.イタリアに真のゴシック建築が存在せず,イギリスやドイツにほんとうの意味のクラシック建築が存在しないのも,そうした理由による.

3. 西洋の建築の一般的な特色

建築の歴史は,洋の東西を問わず,大規模で記念碑的な建物を中心に記述される.それは,そうした建物が現実に最もよく残っているからであるが,またそうした建物に同時代のすぐれた技術や芸術が集中的に注ぎ込まれているからでもある.ヨーロッパにおけるそうした建物の代表が宮殿と宗教建築であり,近世以前のヨーロッパの建築の歴史は,宮殿と教会堂の歴史ともいえる.そして,宮殿や教会堂はほぼすべて石造でつくられている.もちろん,木造や煉瓦造の建物もたくさんつくられているけれども,大規模で記念碑的な建物に限れば,木材は補助的な材料としてのみ用いられ,煉瓦造は主屋ではなく付属屋に用いられるにすぎない.したがって,ヨーロッパ建築の歴史は石造の建築の歴史ということになる.

石造の建築は組積造である.組積造というのは,柱や梁で組み立てる楣式構造とは違って,四角い石を積み重ねて壁をつくっていく構造である.そして床や天井や小屋組は木造の場合もあるけれども,おおむね石造のアーチを連続させていったヴォールト構造である.したがって,ヨーロッパの建築は石造の壁とヴォールト天井の建築といえる.その結果,ヨーロッパの建築は,日本の伝統的な木造建築よりも曲線や曲面が多くなり,壁面に彫刻やレリーフが付け加えられたり,壁面が方向を変えたり水平面と交わったりする部分には複雑な繰形(モールディング)が施されたりするから,装飾的で彫塑的で立体的だということができるであろう.

●**演習問題**

1. 西洋の建築の基本的な特色を，日本の建築と比較して述べなさい．
2. 今日，建築学において，西洋建築史を学ぶ意味を述べなさい．

第1章 古代およびヨーロッパ建築周辺史

1.1 古代のエジプトと西アジアの建築

■**マスタバとピラミッド**

　エジプトは古代文明の発祥地の1つであり，人類の最も古い記念碑的な石造構築物もこの地にある．ピラミッドに代表される巨大な構築物は，総じて神秘的・象徴的であり，無限とか永遠といった超越的観念を想起させる．そのピラミッドであるが，これは王や王族の墓である．古代エジプトでは，魂の不滅，死者のよみがえりが信じられており，死者は別の世界で生きるものとして葬られた．その死者の住むところとしての墓は，当初は地下深くに設けられた墓室の上に，外壁が強い内転び（上方が内側に傾いていること．逆に上方が外側に突出していることを外転びという）をもつ四角錐台状の地上構築物を設けたものであった．その形がベンチ（横長の椅子）に似ているので，それはベンチを意味するアラビア語でマスタバと呼ばれる（図1-1）．ピラミッドはこのマスタバを段々に積み上げてしだいに巨大化させていったものとみなされる．紀元前2600年頃につくられたサッカラの階段状ピラミッドは，その発展過程を示す遺構といえる（図1-2）．

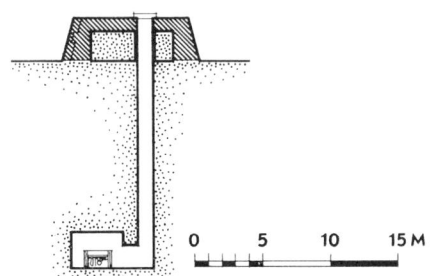

図1-1　マスタバの概念図

図1-2　サッカラの階段状ピラミッド（カイロ南方，エジプト，第3王朝，紀元前2600年頃）

古代エジプトは，古王国（紀元前3200年頃～2130年），中王国（紀元前2130～1580年），新王国（紀元前1580～332年）の3期に大きく分けられ，この間に30の王朝が交代するが，最も王権が強力だったのは古王国の半ば，第3王朝から第6王朝にかけての時期である．大規模なピラミッドも主としてこの時期につくられており，中王国では規模が小さくなり，新王国ではつくられていない．中王国以降，特に新王国では自然の岩の中に墓室を設けた岩窟墓が主流になっていくが，これは度重なった盗掘を避けるためとされている．

ピラミッドの遺構を代表するのがギザにある3つのピラミッド群である（図1-3）．3つはいずれも第4王朝（紀元前2545～2520年頃）に築かれたもので，そのうち最大のものが第1ピラミッド（クフ王のピラミッド）で，四面を正確に東西南北の方向に向け，底辺240m，高さ137mの規模をもち，四角錐の傾斜は約51度である．これは，大きな切石を段々に積んでつくられており，石を積んだ後に段々の間を小さな石で埋めて滑らかな表面をつくっている（図1-4）．

図1-4 ギザの第1ピラミッドの石積み
当初は石積みの間が仕上げ材で埋められて表面が滑らかとなっていた．

大きな切石は長い斜面をつくって運び上げたと考えられている．なお，ピラミッドの前方にしばしば巨大なスフィンクスがみられるが，これも切石を積んだ同じ構法でつくられている．

■神　殿

ピラミッドと並んで重要な古代エジプトの遺構が神殿である．神殿のプラン（平面図）は塔門（パイロン），中庭，多柱室，聖所（聖舟室と至聖所に分けられることもある）という順に配されており，塔門から至聖所に行くにつれてしだいにその幅は狭くなり，天井高も低くなり，床レベルも上がっていく（図1-5）．つまり上下左右とも奥にいくにつれてしだいに狭くなっていくわけであ

図1-3 ギザの3つのピラミッド（カイロ南方，エジプト）
手前から順に第1，第2，第3ピラミッド

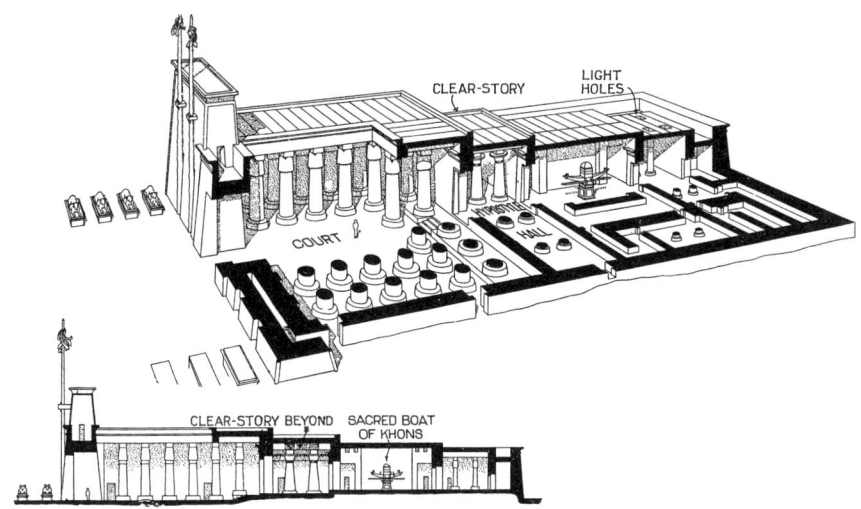

図1-5 カルナックのコンス神殿，模式図(ルクソール近傍，エジプト，紀元前1166〜1004年頃)

る．屋根は大きな板石で葺かれており，天窓や屋根の段差を利用した高窓が少し設けられているが，奥のほうは基本的には暗く，至聖所はほとんど真っ暗だったと考えられている．塔門は内転びの大きい壁面をもつ左右2つの高い塔の間に入口を設けたものである．

構造は柱梁構造であり，したがって柱が林立する空間となる．柱は，シンプルな角柱もあるが，柱頭にパピルスや蓮(ハス)や棕櫚(シュロ)の葉を模した装飾がつけられ，柱全体としても植物の形を模した円柱が主流で，その表面には浮彫りや線刻による文様が施されていることが多い．また，凸面が連続する胡麻殻決り(ごまがらじゃくり)風の柱もあるが，これも束ねられた茎のイメージを表現したものであろう(図1-6)．柱は，ときには構造上の必要以上に密集して立てられており，そうした柱が並び立つスペースに聖性が託されたものと思われる．

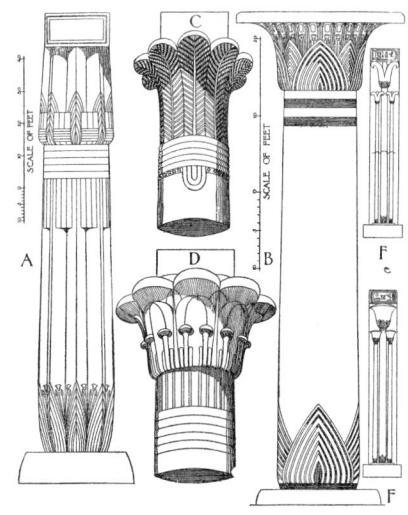

図1-6 エジプトの建築に見られる円柱の種類

また，一部の円柱は，ギリシアのアルカイック(古拙)なドリス式円柱を想起させる．

その神殿の代表例が，いずれもカルナックにあるコンス神殿(紀元前1198年頃)とアンモン神殿(紀元前1530〜323年)である(図

1-7)．また，岩窟墓とセットになって設けられた神殿の代表例が，デール・エル・バハリに2つ並んで設けられたメントゥホテプⅡ世葬祭神殿（紀元前2061～2010年）とハトシェプスト女王葬祭神殿（紀元前1490～1468年頃）である（図1-8）．この2つは，峨々たる岩山を背景に，広大なテラスと斜路とシンプルな角柱による列柱廊とからなるもので，モニュメンタルな近代の構築物を思わせもする独創的なものである．なお，エジプトの神殿の前には，通常1対のオベリスクが立てられたが，これは頂部がピラミッド状になった四角形断面の1本石であり，太陽神の象徴とされる．このオベリスクもまた，古代エジプトを代表する構築物である．

墓や神殿以外の日常的な構築物は，椰子（ヤシ）や葦（アシ）の茎に泥を塗った壁や，日干し煉瓦（窯で焼成せず太陽で自然乾燥させた煉瓦）の壁でつくられていたとされる．いずれにしても，これらの材料は恒久性を欠いており，遺構が残っていない．

■**古代の西アジア概観**

材料の恒久性の欠如という点では，古代の西アジアの建築についてもいうことができ，この地域はエジプトと並んで最も古くから高度な都市文化を発展させているが，残念ながら遺構に乏しい．古代の西アジアは，しばしば古代オリエントと呼ばれるが，オリエントとは東を意味し，これはヨーロッパからみてこの地方が東方に位置するゆえのヨーロッパからみた呼称にすぎない．この地方は，チグリス・ユーフラテス川流域のメソポタミア，イラン高原，アルメニア地方，アナトリア地方（小アジア），シリア・パレスチナ地方などからなる広域で，古くからいくつもの王朝・帝国が交代している．しかし，アナトリア地方に展開したヒッタイトを除いて石材に恵まれず，煉瓦造と木造による構築物に終始したので，先述の通り，遺構が少ない．

■**古代西アジアの代表的遺構**

主だった建築文化を古い順に記すと，まずメソポタミア地方南部のバビロニアには紀元前3500年頃にはすでに都市国家が成立していたとされる．ウルク，ウル，テル・アスマル，マリなどに都市や宮殿があったことが発掘によってわかっている．

建物は，通常は日干し煉瓦による壁とヴォールト構造で架構されていた．焼成煉瓦の技術も知られていたが，表面の装飾とか，

図1-7　カルナックのコンス神殿，外観

図1-8　デール・エル・バハリのメントゥホテプⅡ世葬祭神殿（中央）とハトシェプスト女王葬祭神殿（左端，上部構造が余り残っていない）（ルクソール近傍，エジプト）

重要な個所に局部的にしか用いられていない．神殿は人工的な高い基壇を設けて，その上におかれたが，ハファジャの楕円形神殿遺跡（紀元前2750年頃）がその例である（図1-9）．神殿の基壇は時代が経つにつれて，大きな四角錐台の上に小さな四角錐台を載せていって何段にも重ねて，より高くされる．ときにはそれは50mもの高さに達した．そして最上部に神殿がおかれたが，そうした何段にも重ねた基壇をジッグラト（もともとは「高い所」という意味）と呼ぶ．ウルのジッグラトが代表的な現存例であるが，これは3層の基壇の上に神殿がおかれていたとされる．しかし，1層目と2層目の一部しか残っていない（図1-10）．これはウルの第3王朝（シュメール人の王朝）の紀元前2100年頃のものである．この頃と，楔（くさび）形文字で書かれたハンムラビ法典で知られるハンムラビ王の時代（紀元前18世紀前半）がバビロニア文明の最盛期とされる．また，この頃にはドーム構造を用いた王墓の存在も知られている．

次にアナトリア地方のヒッタイト．先述のように，ここは西アジアには珍しく石材が豊富で，ボガズキョイには紀元前14世紀から13世紀にかけて築かれた城壁をもつ都市遺跡が発掘によって明らかになっており，そこには上部が楕円形の石造の門が部分的ながらいくつか残っている．ただし，構造はヴォールトではなく，持送りアーチ構造である．

それからメソポタミア地方北部のアッシリア．アッシリアには，ニムルド（紀元前9世紀半ば），コルサバード（紀元前8世紀後半），ニネヴェ（紀元前7世紀前半）などの都市遺跡があり，そこからは彩釉煉瓦（釉薬をかけた煉瓦）や，獅子などの精巧な浮彫りを施した高さ50cmから1mぐらいの石板が出土している（図1-11）．この浮彫りのある石板はオルトスタットと呼ばれるが，腰壁（壁の下部）に張られていたと考えられている．また，彩釉煉瓦も壁の表面の化粧

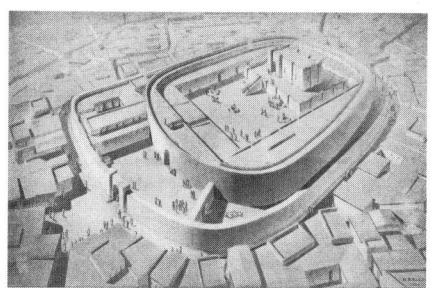

図1-9　ハファジャの楕円形神殿遺跡，復元図（バグダッド東方，イラク，紀元前2750年頃）

図1-10　ウルのジッグラト
　　　　（イラク，紀元前2100年頃）

図1-11　サクジェゲズのオルトスタット
　　　　（トルコ，紀元前730〜720年頃）

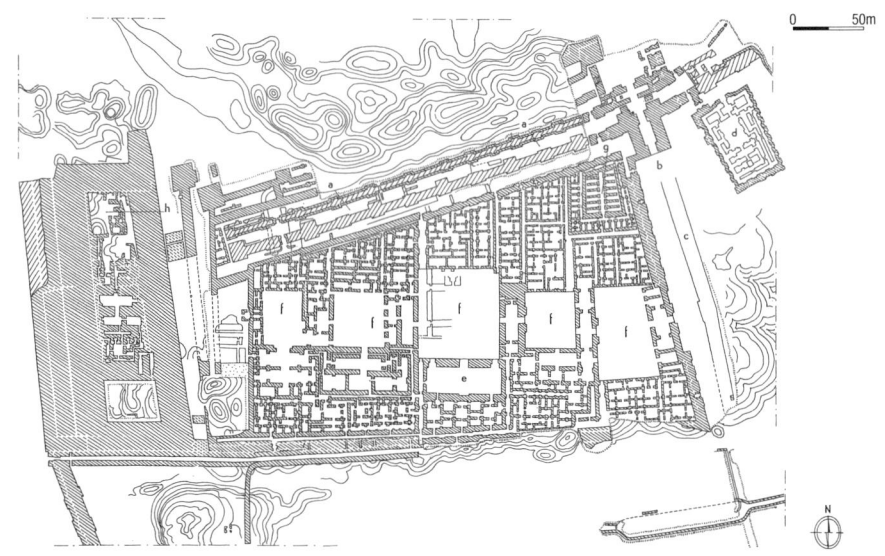

(a) 王宮の平面図（紀元前6世紀前半）

(b) イシュタル門，復元図（紀元前605〜562年頃）

(c) ジッグラト，復元図（紀元前6世紀前半）

図1-12　バビロン（バグダッド南方，イラク）

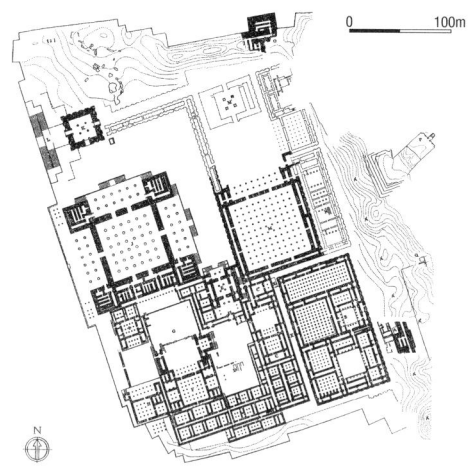
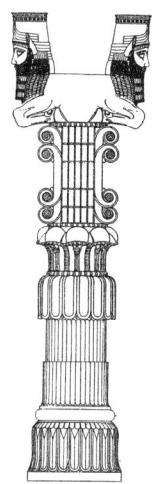

(a) 平面図(紀元前460年頃)
「百柱殿」は中央のやや右よりにある．

(c) 「百柱殿」の円柱

(b) 「百柱殿」復原図(紀元前5世紀中頃)

図1-13　ペルセポリスの宮殿(イラン)

材として用いられたものと考えられている．

さらに新バビロニア．これは先述のバビロニア文明がヒッタイトやアッシリアに支配されて中断した後の紀元前7世紀末から6世紀にかけて，再び同じ地で栄えた文明である．それで，両者を区別するために新バビロニアと呼ぶが，同時に古いほうのバビロニアを古バビロニアと呼ぶこともある．

新バビロニアの都がバビロンであるが，バビロンは当時の世界で最も整った都市であったと考えられている(**図1-12(a)**)．7mの高さの彩釉煉瓦で飾られた壁で左右を囲まれた幅20mの石敷きのまっすぐな道路が王宮へと続いていたとされ，その突き当

りの主要な門であるイシュタル門もまた，彩釉煉瓦で牡牛や竜を浮彫りにした華麗なものであった(図1-12(b))．この門の近くには，古代世界の七不思議の1つとされた空中庭園があり，旧約聖書のバベルの塔のモデルもこの都市のジッグラトであったとされる(図1-12(c))．それは底辺が90m四方あり，7層からなる高さ90mのものであったとみなされている．

そして最後にペルシャ．これは紀元前6世紀にイラン高原に発し，紀元前331年にアレクサンドロス大王に滅ぼされるまで西アジアの広域を支配した帝国である．紀元後の3世紀から7世紀にかけてのササン朝ペルシャと区別するためにアケメネス朝ペルシャとも呼ばれる．

このペルシャを代表する遺構がペルセポリスの宮殿(紀元前460年頃完成)である(図1-13(a))．この宮殿も基本的には日干し煉瓦でつくられており，建物はほとんど失われているが，要所には石が用いられており，精巧な浮彫りを施した石造の基壇や階段を今日もみることができる．この宮殿の中枢部分が「百柱殿」と呼ばれる玉座室(宴会室や展示室説もある)である(図1-13(b))．これは68.5m四方の部屋に高さ12.83mの

図1-14　クテシフォンの宮殿の遺構
(バグダッド近傍，イラク，4世紀頃)

円柱が10列10行，計100本林立する圧巻の広間である．天井は木造であるが，円柱は石造であったから一部現存している．その円柱は溝彫りをもち，繰形のついた柱礎をもち，1対の牡牛と渦巻き型を組み合わせた独特の柱頭を備えた実に華麗なものであった(図1-13(c))．

それから，ササン朝ペルシャのものであるが，クテシフォンの宮殿の一部に古代西アジアの煉瓦造ヴォールト構造を代表する遺構がみられる(図1-14)．これは4世紀頃の建造になるものとされており，後述の古代ローマのパンテオンよりかなり後のものではあるが，スパン25.7m，奥行42.9m，高さ約27.5mの堂々たるヴォールト架構である．

1.2　エーゲ海の建築と古代ギリシアの建築

■エーゲ海

地中海の交通の要衝であるエーゲ海地方もまた，古くから文明の栄えたところである．その文明は，クレタ島，ペロポネソス半島，キクラデス諸島，キプロス島，小アジア西岸などに展開したが，中心はクレタ島のクノッソスで，すでに紀元前3000年頃には繁栄をみている．

クノッソスには，ギリシャ神話の「ラビュリントス(迷宮)」のモデルともみなされる複雑なプランをもつ宮殿の遺構(紀元前1700～1600年頃)がある(図1-15(a))．その

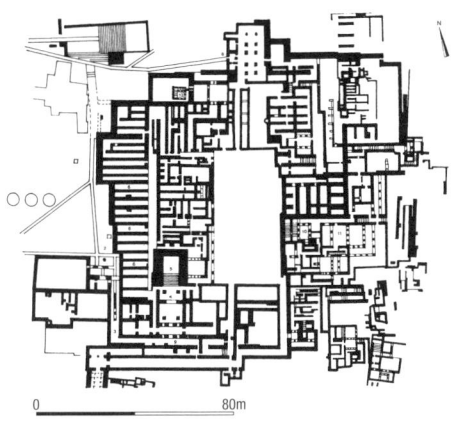

(a) 平面図（紀元前1700〜1600年頃）　　　(b) 宮殿の円柱

図1-15　クノッソスの宮殿（ギリシア）

柱は下細りの円柱であり，石造の壁面にはフレスコ画が描かれている（図1-15(b)）．

ペロポネソス半島のミュケナイには，巨石による柱梁構造で，下細りの円柱の両側に獅子をおいたレリーフをもつ獅子門（紀元前1350年頃）が現存する宮殿跡の遺構がある（図1-16）．同じくミュケナイには，「アトレウスの宝庫」とも「アガメムノンの墓」とも呼ばれるドーム状の墓室をもつ王墓の遺構（紀元前1250年頃）がある（図1-17）．

■メガロン

紀元前1100年頃，ペロポネソス半島にまで南下してきたドリス民族がエーゲ海文明を滅ぼし，ギリシア文明を築くことになる．ギリシアとエーゲ海の文明に直接的なつながりはないが，エーゲ海文明のメガロンと呼ばれる居室のプランがギリシア神殿のプランの祖型になったとされる（図1-18）．すなわち，メガロンとは王や王妃などの居室であるが，正面の妻側に入口を設けた主室（奥に王座と，中央に炉と，それに炉を囲

図1-16　ミュケナイの獅子門
　　　　（ギリシア，紀元前1350年頃）

んだ4本の円柱をもつことが多い）と，袖壁にして壁を延ばしその間に2本の円柱をおいた前室とからなるが，これはイン・アンティスと呼ばれる最も素朴なギリシア神殿のプランの形式そのものなのである．その後に展開するさまざまなプランの形式のギリシア神殿も，袖壁を後方にも延ばして後室を設けたり，周囲に円柱列をめぐらしたりして，イン・アンティスを大規模にしていったものである（**図1-19**）．

■**アクロポリスと神殿**

さて，古代ギリシアにおいては，たいていは小高い丘陵地に聖域を設けるが，これをアクロポリスという（アクロは高い，ポリスは都市という意味）．そして，そのふもとの平地を中心に都市が展開した．都市の中心はアゴラと呼ばれる公共広場であり，アゴラの中枢施設がストアと呼ばれる柱廊をもつ細長い建物である．これは1つのアゴラにいくつか設けられることもあり，広場を囲むようにおかれ，さまざまな用途に用いられた．また，聖域の斜面に神々に捧げる宗教劇のための劇場がつくられた．劇場の階段席は自然の斜面を利用して設けられるから，ギリシアの劇場は屋根はもちろんのこと，外観もない．

古代ギリシアの建築遺構といえば，結局は神殿に終始するが，神殿は当初は木造であったと考えられている．これが，より恒久的な石造に変えられるのが紀元前7世紀頃とされる．そして，この石造の神殿の造形と寸法関係に関する体系をオーダー（詳細は1.4節を参照）と呼ぶが，古代ギリシアのオーダーは3種あった．ドリス式とイオニア式とコリント式である（**図1-20**）．ドリス式とイオニア式は紀元前6世紀にはすでに完成していたとみなされており，ドリス式はギリシア本島で用いられ，イオニア式

図1-17　ミュケナイの「アトレウスの宝庫」
（紀元前1250年頃）

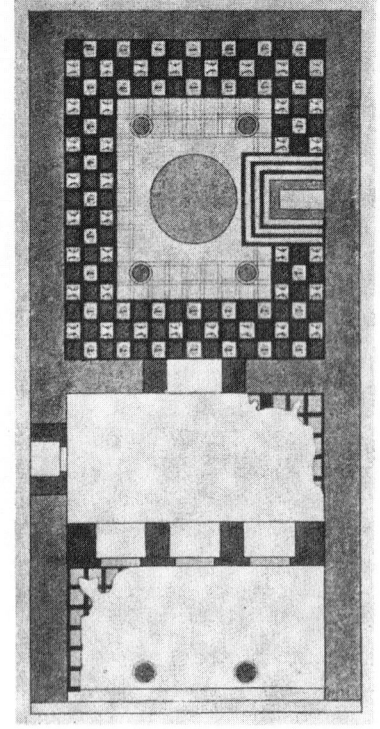

図1-18　ティリュンスのメガロン，平面図
（ギリシア，紀元前13世紀頃）

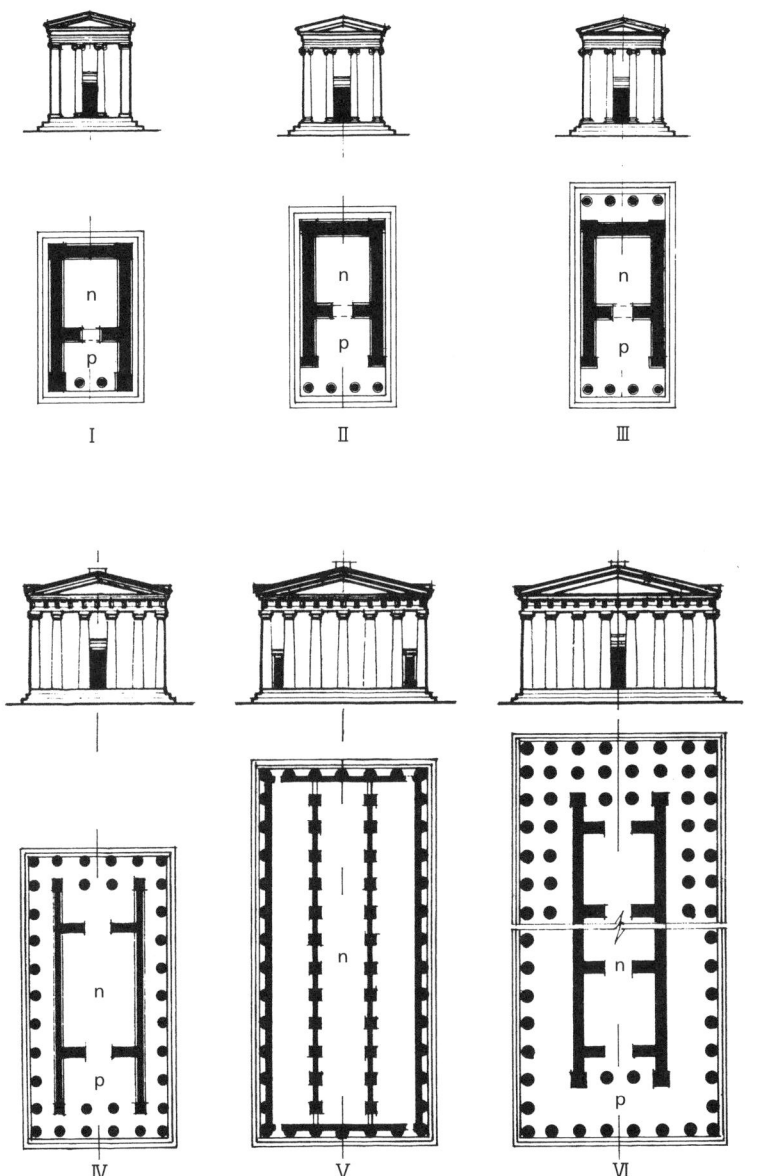

図1-19　ギリシア神殿の平面と立面形式
　　Ⅰ：イン・アンティス，Ⅱ：プロスタイル，Ⅲ：アンフィ・プロスタイル，Ⅳ：ペリプテラル(周柱式)，Ⅴ：プシュード・ペリプテラル(擬似周柱式)，Ⅵ：上半分がディプテラル(二重周柱式)，下半分がプシュード・ディプテラル(擬似二重周柱式)．
　　図中のnはナオス(神室)，pはプロナオス(前室)を示す．

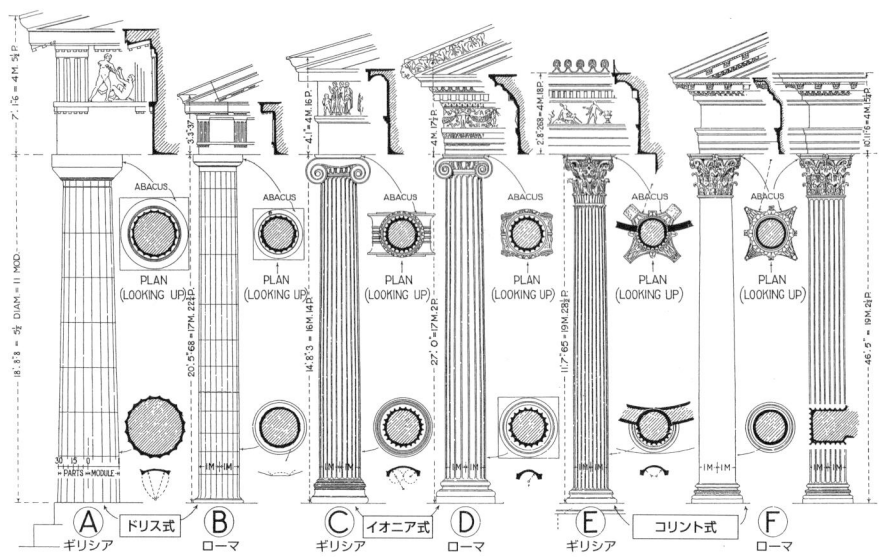

図1-20　古代ギリシアと古代ローマのオーダーの比較
　　　　左から順にドリス式(A, B)、イオニア式(C, D)、コリント式(E, F)の円柱がそれぞれギリシア(左)とローマ(右)のペアで示されている．

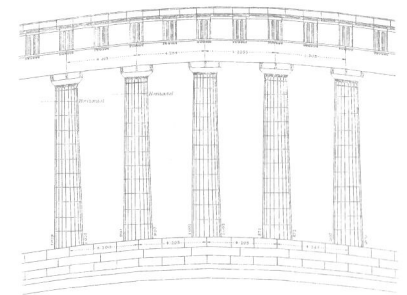

図1-21　誇張して描いたパルテノンの微量変形

はエーゲ海地方と小アジアで生まれ，ギリシア本島に入ったのはドリス式より半世紀ほど遅れるとされる．コリント式はさらに新しく紀元前5世紀頃から用いられたと考えられ，あるいはイオニア式から発展したとも考えられている．

　古代ギリシアにおいて，オーダーは厳格に順守され，かつ人間の錯視を矯正するための微妙な変形が随所に加えられ，ギリシアの建築家たちは造形的にきわめて鋭敏な感覚をもっていたとされる．たとえば基壇や上部の水平材が幾何学的に水平であれば中央が沈んでみえるので，わずかに起(むく)らせられているとか，両端にある柱は中間の柱よりもわずかに太くされているとか，高いところにある部分はわずかに寸法が割り増しされているとかである(図1-21)．たしかにこうした記述は，後述の古代ローマのウィトルウィウスの建築書(邦訳『ウィトルーウィウス建築書』)にもみられるが，半ばはルネサンス以降につくられた神話とみなしたほうがよいようである．実際，パルテノン神殿の基壇はわずかに中央が起っているが，その理由に関しては諸説がある．先述の錯視矯正説や，この

1.2 エーゲ海の建築と古代ギリシアの建築——17

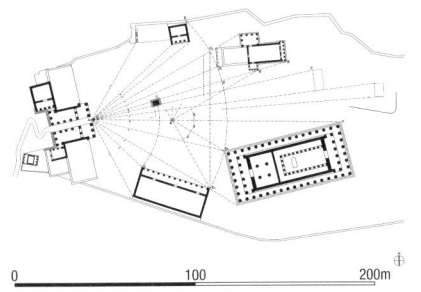

図1-22 アテネのアクロポリス，配置図のダイアグラム
右下の最も大きな建物がパルテノン，右上がエレクテイオン，左端がプロピュライア（C.A.ドクシアディスによる）．

起りがそこからみえるエーゲ海の海面の起りに対応するという神秘的なものから，水はけをよくするためという実際的な理由説，はたまた長い間の不動沈下の結果説まで，さまざまである．

また，アテネのアクロポリスにあるいくつかの神殿は，なんら規則性がなくばらばらに配置されているようにみえるが，これに関しても起伏の多い丘陵地の比較的に平坦な部分を選んで神殿を築いたにすぎないという考えと，このアクロポリスの門に相当するプロピュライアから，各神殿をみるとそれぞれの神殿の外枠が等しい視角で配されているからなんらかの意図があるという説がある（図1-22）．古代ギリシアの造形芸術の特質に関しては，ヴィンケルマンの「高貴なる単純と静かなる偉大」（『ギリシア美術模倣論』1755年）という名高い言葉があるが（5.1節参照），ギリシアの造形芸術はルネサンス以降ずっと神秘化されてきた．その理由のひとつは，ギリシアが長い間オスマン・トルコの支配下におかれていて，ヨーロッパの人々は現実にギリシアの地を踏めず，定かではないかの地を神秘化したことであろう．

しかし，古代ギリシアの建築が，特に全体と部分の寸法に関わるある程度体系だった理論（比例理論）を伴う非常に知的な側面をもつものであったことは否定できない．それゆえに，それは古代ローマの建築の造形面に大きく影響を与えたし，ルネサンス以降もときに応じて建築の原形もしくは理想とみなされ続けたのである．

■**代表的な遺構**

その神殿の主だった遺構だが，アテネのアクロポリスに集中的にある．それを代表するのがドリス式のパルテノン（紀元前447～432年），イオニア式のエレクテイオン（紀元前421～405年）とアテナ・ニケ神殿（紀元前427～424年頃）であるが，ふもとのアゴラにもドリス式のヘファイストス神殿（紀元前449～444年）がある（**図1-23,24,25**）．コリント式の遺構としては，ほんの一部を残すのみだが，アテネのゼウス・オリンピオス神殿（紀元前174～紀元後132年）がある（**図1-26**）．また，当時ギリシアの植民地であったイタリア半島のパエストゥムにも，バシリカ（紀元前540年頃），ポセイドン神殿（紀元前460年頃），ケレス神殿（紀元前510年頃）とそれぞれ呼ばれるドリス式の神殿がある（**図1-27,28**）．パエストゥムの3つの神殿は，時代的にも古く，アルカイックなドリス式の姿をとどめており，それに対してアテネのパルテノンは非常に洗練を加えたドリス式の姿を示している．現に，パルテノンが建設された時代はアテネの最盛期であるペリクレス時代である．ちなみに，プラトンが活躍するのはパルテノンが

図1-23　パルテノン
　　　　（アテネ, ギリシア, 紀元前447〜432年）

図1-24　エレクテイオン
　　　　（アテネ, 紀元前421〜405年）

図1-25　アテナ・ニケ神殿
　　　　（アテネ, 紀元前427〜424年）

図1-26　アテネのゼウス・オリンピオス神殿
　　　　（紀元前174〜紀元後132年）

建ってから半世紀ほど後であり，アリストテレスが活躍するのは1世紀ほど後のことである．通常，建築の興隆は時代の盛衰と軌を一にするが，哲学や文学は最盛期を経て反省的な時期に入った際に頂点をみるもののようである．

なお，ギリシア神殿は，内部空間はあるけれども人がそこに入って何かをするための場所ではなかった．実際，神室（ケラ）はまったく窓もなく，透光性のある石材で屋根が葺かれていて，そこから少し光が入ったという説もあるが，おそらく扉を開けなければ真っ暗な状態だったであろう．つまり内部空間はないに等しいわけであり，ギリシア神殿の彫刻性が指摘されるのはそのためである．また，神殿の各部は赤・黄・青などの極彩色に塗られていたことが考古学的に明らかとなっている．

神殿以外の遺構としては，階段席がよく残っているエピダウロスの劇場（紀元前4世紀後半），コリント式の付柱をもつアテネの「リュシクラテスの合唱隊記念碑」（紀

1.2 エーゲ海の建築と古代ギリシアの建築

図1-27 パエストゥムのバシリカ
（イタリア，紀元前540年頃）

図1-28 パエストゥムのポセイドン神殿
（紀元前460年頃）

元前334年），当時の天文台ともみなされるアテネの「風の塔」（紀元前1世紀半ばか）などがあげられる（**図1-29, 30, 31**）．ただし，これらはいずれもギリシアがマケドニアの支配を受けた後のヘレニズム時代のものであり，特に「風の塔」はローマの支配下に入ってからのものであるから，半ばはローマ建築ともいえる．

図1-29 エピダウロスの劇場
（ギリシア，紀元前4世紀後半）

図1-30 「リュシクラテスの合唱隊記念碑」
（アテネ，紀元前334年）

図1-31 アテネの「風の塔」（紀元前1世紀半ば頃）

1.3 古代ローマの建築

古代ローマの文化は，キリスト教とともに，ヨーロッパの文化の基層をつくっている．今日，世界中で用いられている文字が古代ローマの文字であるし，その言語であるラテン語の語彙は近代ヨーロッパ語に多数採り入れられている．また，今日の法のもとにあるのもローマ法である．紀元前後からの200年間，ローマによる支配は，今日の北欧を除く西ヨーロッパの全域，西アジア，北アフリカを含む広大な領域に及び，この地域は「パクス・ロマーナ(ローマの平和)」と呼ばれるローマ統治下の繁栄を誇ったのである．

広大な領土を支配するためには，道路などのインフラを整備しなければならないが，ローマには非常にすぐれた土木技術があった．石敷きで，両サイドに排水溝をもった道路がいまもあちこちに残っており，ニーム近傍のポン・デュ・ガール(紀元前後)など，遠くから都市に上水を引いてくるための水道橋の遺構がいまも残されている(図1-32)．

■ 多様なビルディング・タイプ

このすぐれた土木技術に加えて，ローマは多種・多様な建築物をつくった．ローマの広場はフォルムというが，そこの中心施設がバシリカと呼ばれる公共建築である(図1-33)．これは集会・取引・裁判などさまざまな用途に用いられた．

バシリカのほかに，もちろん宮殿や神殿が建てられたし，市場(「パンとサーカス」の「パン」を供給するもの)と，娯楽施設(「サーカス」を供給するもの)である劇場や浴場や競技場がつくられた．ローマの劇場は平地にも建てられたから，人工的に階段席はつくられ，したがってギリシアの劇場と違って外観のある独立建物である．また浴場は，温水の風呂，冷水の風呂などいくつもの風呂に加えて，体育施設や社交場をも備えた一大コンプレックスであった(図1-34,35)．さらには，都市を飾るための記念門や記念碑もたくさん築かれた．

そして住宅であるが，住宅には富裕層の一戸建住宅(通常は「ドムス」と呼ばれるが，本来ドムスは住居一般を意味し，必ずしも

図1-32 ポン・デュ・ガール
(ニーム近傍，フランス，紀元前後)

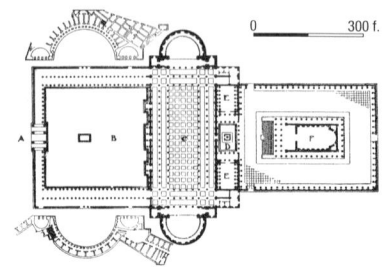

図1-33 トライアヌスのフォルム，平面図
(ローマ，イタリア，98～112年)
上下が円弧になった中央の建物がバシリカ．

一戸建住宅を指すわけではない)と，集合住宅(「インスラ」と呼ばれることが多いが，本来インスラは1つの街区を意味し，必ずしも集合住宅を指すわけではない)があった(図1-36,37)．集合住宅の完全な遺構は残っていないが，1階を店舗や工房とし，上階を住居とした5ないし6階建ての今日でいう下駄履きアパートに相当するもののようで，エレベータが登場するまで基本的には変わらない集合住宅の姿がすでに完成していたとみなされている．

この遺構のビルディング・タイプ（建物の用途別の種類）の多彩さというのが，ローマの建築の大きな特色であるが，多様な建物の建設が可能になるためには，多くの施工技術の改良が伴ったに相違ない．そうした新しい技術的所産の最たるものがコンクリートの使用である．ローマのコンクリ

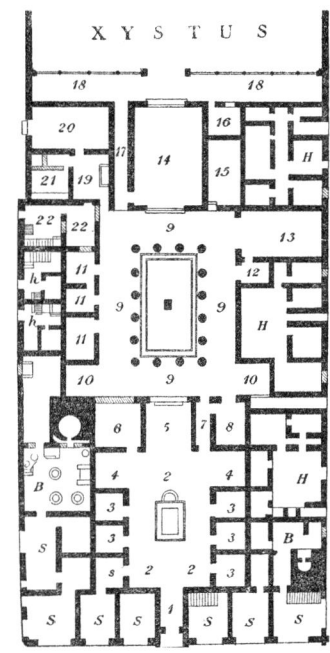

図1-36 パンサの家，平面図
（ポンペイ，イタリア，紀元前2世紀）

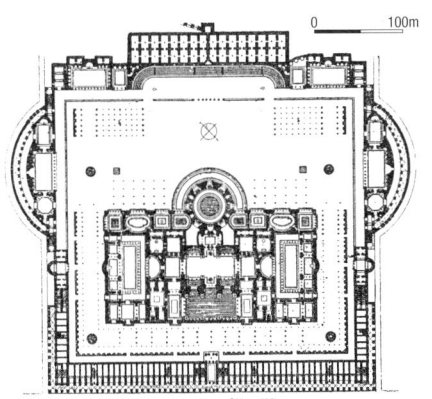

図1-34 カラカラの浴場，平面図
（ローマ，211頃〜216年）

図1-35 ディオクレティアヌスの浴場，復原図
（ローマ，305年頃）

図1-37 ディアナの家，復原図
（オスティア，イタリア，2世紀半ば）

ートは，砕石や煉瓦片を骨材とし，ポゾラナという火山性の土と石灰とを混ぜて用いるもので，石や煉瓦積みの壁の内側に充填された．

そして，もう1つの技術がヴォールトとドームによる架構である．ヴォールトの技術はイタリア半島の先住民の文化であるエトルリアでも用いられているが，ローマはこの技術をギリシア経由で西アジアから学んだとされる．そして，コンクリートを併用してこの技術を盛んに用いた．先述の浴場などには，円筒形のヴォールト（トンネル・ヴォールト）を直角に交差させてできる交差ヴォールトが用いられていた．

このヴォールトやドームによって可能になったのが，広大な内部空間である．ローマは組積造による内部空間を自在につくりだしたのであり，十分な内部空間の発達をもって建築の誕生とするならば，ローマにおいて文字通りの建築が生まれたともみられるのである．この内部空間の発達という点が，古代ローマ建築のもう1つの大きな特色である．

以上のように，古代ローマは実践的・技術的な側面においては著しい発展を示しているが，造形的な洗練においては古代ギリ

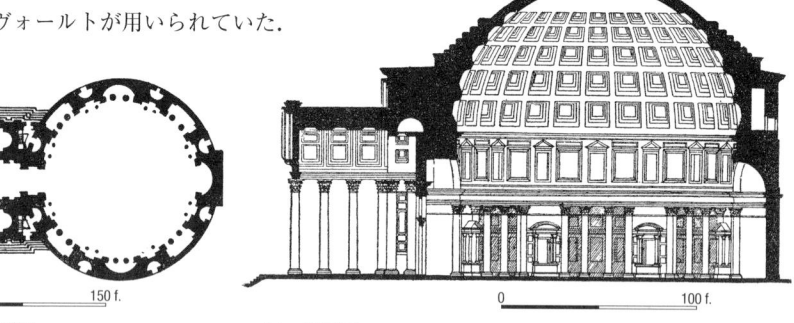
(a) 平面図　　　(b) 断面図

(c) 外観

(d) 内部

図1-38　パンテオン（ローマ，118〜135年）

シアを超えられなかったとみなされることもある．たしかにローマは，造形の道具としてはもっぱらギリシアのオーダーを借用した．しかし，ギリシアの3つのオーダーにトスカナ式とコンポジット式を加えて全部で5つとしたし，本来は柱梁構造のためのものであるオーダーを，ヴォールト構造と組み合わせて構造から解放し，壁の表面を飾る要素として自在に用いたのである．ギリシアの極度の造形的洗練を半ば神話とみなすならば，ローマが造形的にギリシアの後塵を拝すわけでは必ずしもない．

■ **パンテオンとコロセウム**

その古代ローマを代表する遺構がパンテオンとコロセウムである．ローマの神々を祭る神殿として建てられたパンテオン（118～135年）は，人類の構築技術史上における奇跡のような作品で，約42mの直径の球形をすっぽり含み込む大きさを有している（図1-38）．後述のフィレンツェ大聖堂とサン・ピエトロ大聖堂がほぼ同じ直径のドームをかけたが，西洋の組積造はいまもこのスパンを超え得ていない（17世紀建造のインドのビジャープルのムハンマド・アーディル・シャー廟のスパンはもう少し大きい）．採光は，入口の扉と頂部に開けられた直径9mの天窓からなされる．天窓から霧のように降る雨は，床をしっとりと濡らす．

そしてコロセウム（69～79年）は，4万5千人を収容し得るという楕円形プランの巨大な闘技場である（図1-39）．非常に稼働率の高い施設で，最盛期には年に半分は開催していたという．また，短時間で日除けの布をかけたというから，可動式屋根付きドームのはるかな先駆けともいえる．

その他の遺構としては，セプティミウス・セヴェルスの凱旋門（203年）などいくつかの記念門と，トライアヌスの円柱（113年）などの記念碑があげられる（図1-40,41）．神殿などの遺構は，ローマではなく，むしろ当時の植民地にいくつか残っている．ニ

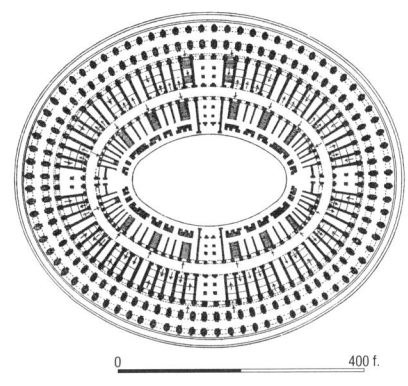

(a) 平面図

(b) 外観

(c) 内部

図1-39 コロセウム（ローマ，69～79年）

ームのメゾン・カレ(紀元前19年頃)，トリールのポルタ・ニグラ(4世紀頃)，ペトラのカズネ(「ファラオの宝庫」とも呼ばれる．2世紀前半)などが，その代表である(図1-42,43,44)．

図1-42　メゾン・カレ
　　　　（ニーム，フランス，紀元前19年頃）

図1-40　セプティミウス・セヴェルスの凱旋門
　　　　（ローマ，203年）

図1-43　ポルタ・ニグラ
　　　　（トリール，ドイツ，4世紀頃）

図1-41　トライアヌスの円柱（ローマ，113年）
　　　　中が空洞になっていて，らせん階段がある．

図1-44　カズネ（ペトラ，ヨルダン，2世紀前半）

1.4 古典建築のオーダー

　オーダーは，円柱とそれが支えるエンタブレチュアと呼ばれる上部の架構の寸法と装飾的細部に関する約束事の体系のことであるが，より狭く，円柱だけについて用いられる場合も多い．本来は，ギリシア神殿の3種の円柱の種類にすぎなかったのだが，古代ローマがこれを盛んに用い，さらに2種の円柱の種類を加えて全部で5種とし，ルネサンス以降いまでも用いられているわけである．紀元前の7世紀から5世紀にかけてギリシアの地で完成された円柱の形式が，その後2千数百年も世界中で用いられ続けているというのも不思議な気がするが，ギリシア神殿は柱梁構造による構築物の祖型とみなされたためであろう．つまり，ギリシア神殿は柱の上に水平材を載せ，その上に切妻の屋根（ペディメント）をおいたもので，これを図式化すると平行六面体の上に三角柱を載せたものとなり，これは建築の最も基本的な形となるのである．

　ところで，オーダーは英語であるが，円柱をこの英語に相当するヨーロッパ語で呼び始めたのはルネサンス期以降のことで，オーダーという言葉の使用とともに約束事も厳密に定められていった．つまり古代ギリシアと古代ローマでは，それほど厳格な規則があったわけではない．しかし，古代ギリシアが数的な調和を大切にし，部分と全体，あるいは部分相互の寸法関係に強く留意したことは多かれ少なかれ確かであろう．この寸法関係のことを比例（プロポーション）といい，調和した比例のことを均衡（シュムメトリア）という．その均衡を得るために，たいていは円柱の下部の直径から採られた基準寸法（モドゥルス）が設けられ，その寸法をもとにすべての部分の寸法が決められた．柱の間隔も狭いものから広いものまで5種あり，神殿の正面の柱の数によってそれぞれ名前がついているから，ほとんどのことは言葉で表現し得るわけである．先に，ギリシアの建築を知的だといったのはそうしたことを指している．

■**オーダーの種類**

　さて，5種のオーダーの違いであるが，それは柱頭に最もよく現れる（**図1-45**）．すなわち，ドリス式の柱頭はまんじゅう形

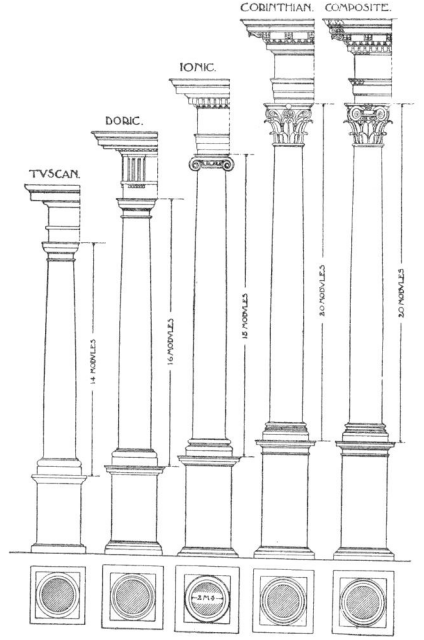

図1-45　5つのオーダー
左から順にトスカナ式，ドリス式，イオニア式，コリント式，コンポジット式．

の部分(エキナス)の上に四角い板上のもの(アバクス)をおいただけのシンプルなものである．イオニア式は両端に渦巻き形（ヴォリュート）をもち，コリント式は2段に葉模様を重ね，その上に蔓状のものが外側に向けて伸びるもの2つに，内側に向けて伸びるもの2つと，合計4つある．なお，コリント式の柱頭の葉模様を，古代ローマで唯一現存する建築書を書いたウィトルウィウス（Vitruvius, 紀元前90年頃-20年頃）はアカンサス（アザミに似た植物）をデザイン化したものとし，これが今日も広く受け入れられているが，アロイス・リーグル（Alois Riegl, 1858-1905）がその主著『様式論』(1893年)で，これを古代エジプトのロータス文様(蓮の葉と花をモチーフにした文様)の自立的発展の立体化に他ならないと指摘した．リーグルの説のほうが説得的であり，おそらく彼のほうが真実に近いものと思われる．

　もちろん，柱頭の違いのみならず，各部のプロポーションが異なり，エンタブレチュアの細工もそれぞれに異なる．特にドリス式のエンタブレチュアは独特で，フリーズ（柱の上の水平材がアーキトレーヴで，さらにその上の部分）にはトリグリフという3条の溝のついた部材があり，その下端にはレグラという円錐台形をした突起物がいくつかついている(図1-46)．トリグリフはフリーズの両端部を除いて，円柱の真上と，円柱と円柱の真ん中の上におかれるから，桁材の端部の表現とされ，レグラは釘などの緊結材の表現とされるなど，これらは当初は木造であったギリシア神殿の残痕的表現とされる．また，円柱の表面に施さ

図1-46　ドリス式のエンタブレチュア
フリーズの端はトリグリフで終わることになっている．したがって，この部分のトリグリフは円柱の真上には位置しない．

れた溝彫りも，ドリス式はイオニア式とコリント式とは異なる．ドリス式は溝が浅く（溝の円弧の中心は円柱の断面の円周の外にある），溝の数も通常は20条と少し少なく，溝と溝は1本の稜線（アリスという）で接するが，イオニア式とコリント式は溝も深く（溝は円柱の断面の円周上の点を中心とした半円），溝の数も通常は24条と多く，溝と溝は幅のある面（フィレットという）を介して接する(図1-47)．さらには，ギリシアのドリス式は柱礎がなく直接基壇に接するといった相違がある．いずれにしても，ギリシアの3つのオーダーはその名も民族や土地に由来していることからもわかるように，柱頭のみならず各部にかなりはっきりした違いを有している．

　それに対して，古代ローマが付け加えた

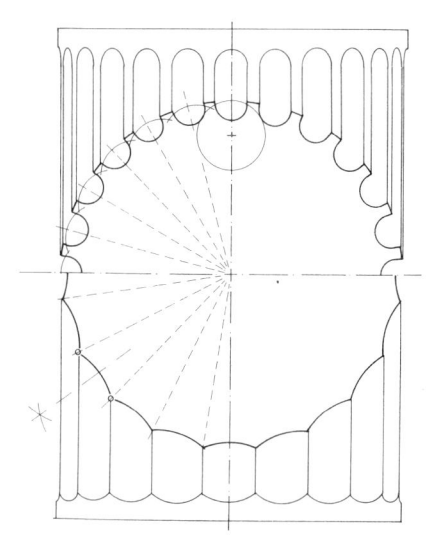

図1-47 円柱断面の比較
上がイオニア式で，下がドリス式

トスカナ式とコンポジット式という2つのオーダーはそれほどはっきりしたアイデンティティをもつものではない．すなわち，トスカナ式（イタリア半島中部の地方の名前で，その地方の古い呼び名がエトルリア）は簡略化されたドリス式ともいわれ，ドリス式とあまり違わないものである．また，コンポジット式（コンポーズされた，すなわち複合されたという意味）もその名の通り，イオニア式とコリント式を無理やり混合したにすぎないもので，コリント式の柱頭の蔓に代えてイオニア式の渦巻き形を配した柱頭以外はコリント式と変わらないものである．しかし，古代ギリシアと古代ローマで用いられたこの5つのオーダーは，ルネサンス期にはそれぞれ独自の自立的なものとされ，広く定着してゆくのである．もちろん，ルネサンス以降，各国で第6のオーダーをつくろうとする涙ぐましい試みがなされ，それらは実際にも用いられているが，いずれも個人的なスタイルに限られ，多くの建築家が共有するものとはならなかった．それで，今日も5つのオーダーとされているわけだが，オーダーは西洋の建築史における最も規範的で重要な概念といえるであろう．

1.5 初期キリスト教とビザンチンの建築

■初期キリスト教

初期キリスト教建築というのは，その名の通り，4世紀から6世紀頃までの最初期のキリスト教教会堂建築のことをいう．いわば，古代ローマ末期の特殊な用途の建築にすぎないわけであるが，中世に極度に発展する教会堂建築の祖型となったものであり，この名のもとに1つのまとまりを与えられて論じられている．キリスト教徒の会堂としては当初はカタコンベ（古代の地下墓所）などが用いられ，地上には現れてこなかったが，313年のコンスタンティヌス帝によるキリスト教の公認後，出現することになったわけで，初期キリスト教建築は，それ以降およそ3世紀の間に営まれた教会堂建築ということになる．

キリスト教教会堂というこの新たな用途と性格をもつ建物の課題に対して，2つの方法が採用された．1つは古代ローマで裁判・取引などに用いられた公共建築バシリカの形を用いた細長い方向性のあるプランのもので，これをバシリカ式と呼び，もう

1つは円形とか八角形とかギリシア十字形（4つの腕が等しい十字）の四方対称のプランをしたもので，これを集中式と呼ぶ．

バシリカは柱列で3列もしくは5列に分けられた細長いプランをもつが，バシリカ式はこれをそのまま踏襲し，両端部にあるべきアプスを1つにして拡大し，それを祭室部とした．そして祭室部の手前の部分を少し広げてトランセプトとし，教会堂前面にナルテックスと呼ばれる前室的な部屋とアトリウムと呼ばれる大きな回廊を設けた．これがバシリカ式の基本的なプランで，このバシリカ式がロマネスクとゴシックの教会堂のプランの主流になっていくのである．なお，屋根は木造で，小屋組をそのままみせたものが多く，壁はモザイクで飾られることが多い．一方の集中式のもととなったのはローマの円形神殿とも，宮殿の謁見広間ともされるが，いずれにしてもこの形式のプランは，後には洗礼堂などの特殊な用途のものにしか用いられず，それが復活するのはルネサンス以降ということになる．

その実例であるが，おおむね後世の改造が大きく，当初の形をそのまま残すものは

(a) 外観 　　　　　　　　　　　　(b) 内部

図1-48　サン・タポリナーレ・イン・クラッセ（ラヴェンナ，イタリア，549年）

(a) 外観 　　　　　　　　　　　　(b) 内部

図1-49　サン・ヴィターレ（ラヴェンナ，547年）

少ない．どちらもラヴェンナにあるサン・タポリナーレ・イン・クラッセ（549年献堂）とサン・ヴィターレ（547年）が，バシリカ式と集中式それぞれの当初の姿を比較的よくとどめた遺構である（図1-48,49）．ラヴェンナは395年にローマ帝国が東西に分裂してできた西ローマ帝国が，476年に滅亡した後も一種の首都として繁栄し続けた都市で，初期キリスト教建築のすぐれた遺構が多い．ただし，540年には後述のビザンチン帝国の支配下に入っており，ビザンチン建築の影響が強い．特にサン・ヴィターレはそうで，これはむしろビザンチン建築とすべきものかもしれない．

■ ビザンチン

そのビザンチン（最近は「ビザンティン」と表記されることが多い）建築とは，東ローマ帝国の建築のことである．つまり，東ローマ帝国はコンスタンティノポリス（現在はトルコのイスタンブール）を都としたので，コンスタンティノポリスの旧名ビザンティオンに基づいて，ビザンチン帝国とも呼ばれ，その建築もビザンチン建築と呼ばれている．

東西分裂後の西ローマ帝国では初期キリスト教建築からの大きな展開がみられなかった．火災に弱く，恒久性に乏しい木造の屋根が石造に代わるのも，西ヨーロッパではロマネスク期の11世紀末まで待たねばならなかった．それに対して，後の教会堂建築，ひいては組積造の建築全体に大きな影響を及ぼすことになる発展を示したのは東ローマ帝国においてである．

ビザンチン建築の建築史における最大の貢献は，ペンデンティヴ・ドームを完成させたことにある．ペンデンティヴ・ドームは，ドームが浮いているようにみえ，あたかも天から吊り下げられているようにみえるのでそう呼ばれる．これは正方形のプランに，その外接円に相当する円形のドームが架かっているもので，正方形からはみ出した部分が削ぎ落とされ，残った4つの曲面三角形（これをペンデンティヴと呼ぶ）の上にドームが載っているような感じになる（図1-50）．

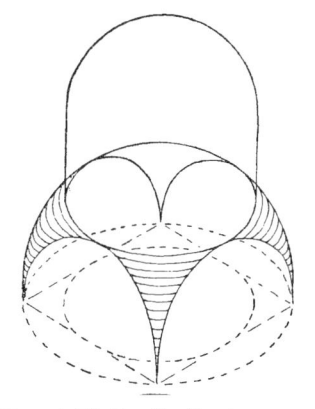

図1-50　ペンデンティヴ・ドーム

そもそも，ドームをかけるには円形プランが便利である．しかし，円形プランは単独の存在としてはシンボリックであり，また壁の面積も少なくてすみ，経済的ともいえるが，それらを連続させてスペースを大きくしようとするとうまくゆかない．それにはやはり正方形のプランが便利なのだが，この正方形のプランに恒久的な石造のドームを架けることが長い間の課題だったわけである．もちろん，古くから正方形の四隅を少しずつ迫り出して円形のドーム基面をつくるスキンチ（「スクインチ」とも表記される．またフランス語ではこれを「ト

ロンプ」というので，そう呼ばれることもある）と呼ばれる工法が用いられてはいた（図1-51）．また，ローマ帝国の末期にはすでにペンデンティヴ・ドームが一部で用いられていたとされる．しかし，それらは小規模なものであり，ペンデンティヴ・ドームを飛躍的に発展させたのはビザンチン建築である．

■**ハギア・ソフィアとサン・マルコ**

その記念すべき，奇跡のような作品がイスタンブールにあるハギア・ソフィア（トルコ語ではアヤ・ソフィア，532〜537年）である（図1-52）．直径31mの中央の主ドームを左右の半ドームが支え，その半ドームをさらに小さな3つの半ドームが支えるというような有機的な構造になっており，それらによってつくられる内部空間は当初から今日まで讃嘆され続けてきている．これは537年に完成しているが，ビザンチン建

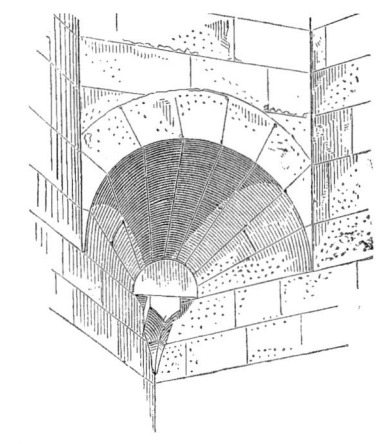

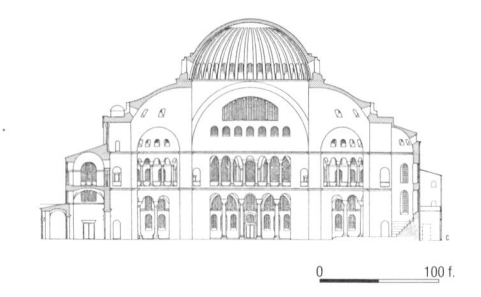

図1-51 スキンチ

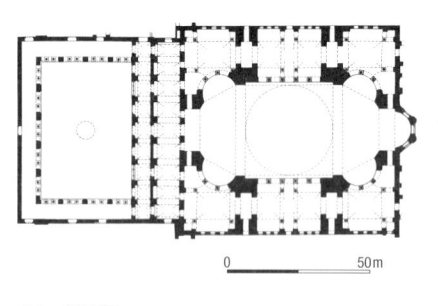

(a) 平面図

(b) 断面図

(c) 外観

(d) 内部

図1-52 ハギア・ソフィア（イスタンブール，トルコ，532〜537年）

1.5 初期キリスト教とビザンチンの建築 — 31

築の頂点をなすものであり，ビザンチン帝国の建築技術の粋が結晶化したものである．

ペンデンティヴ・ドームのもう1つの代表的な遺構が，ヴェネチアのサン・マルコ (1090年頃)である(図1-53)．これは，ドームの直径こそ13mほどで，さして大きくはないが，ギリシア十字のプランの中央と4つの腕のそれぞれに同じようなドームが合計5つ架かっており，整然とした内部空間を示す．

ペンデンティヴ・ドームのほかのビザンチン建築の特徴は，ディテールにある．きわめて精巧な大理石の透かし彫りや浮き彫り，それに多様な色の石やガラスによる壁面のモザイク画などが随所にみられ，これらは同時代あるいは後の西ヨーロッパの建築に影響を及ぼしている(図1-54)．

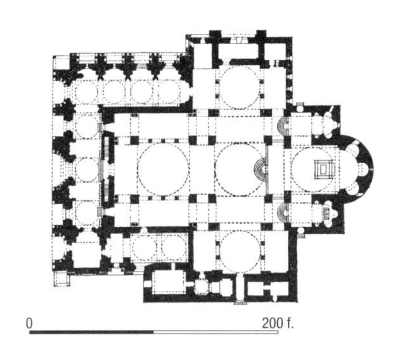

(a) 平面図

(b) 外観

(c) 内部

図1-53 サン・マルコ
　　　　（ヴェネチア，イタリア，1090年頃）

図1-54 ハギア・ソフィアの柱頭の透かし彫り

ビザンチン建築の最盛期は，ハギア・ソフィアの建てられた6世紀である．東ローマ帝国自体はオスマン・トルコに滅ぼされる1453年まで存続するが，サン・マルコの11世紀頃まではひとまずの繁栄をみるものの，その後，ギリシア正教の教会堂建築のスタイルに限定されて，ギリシア正教とともに東欧やロシアへ波及していく．この12世紀以降のビザンチンを後期ビザンチンと呼ぶが，後期ビザンチンにおいては建築の技術上の発展はなかった．建物の規模も小さくなり，したがって大きな直径のドー

ムも架けられなかった．ただし，ドームが高くされたり，たくさん建てられたり，葱坊主形にされるなどの変化はみられた(図1-55,56)．また，それぞれの土地の造形的細部が採り入れられたりはしている．しかし，それらは本来のビザンチンとはかなり異なるローカルな異種とすべきものである．ビザンチンのすぐれた建築技術を受け継いだのはむしろ次節に述べるイスラム建築であろう．

図1-55 聖バシリ
（モスクワ，ロシア，1555〜1560年）

図1-56 ヴラガヴェシェンスキー（受胎告知）大聖堂（モスクワ，1484〜1489年）

1.6 イスラム建築

イスラム（最近は「イスラーム」と表記されることが多い）建築というのは，イスラム教圏のモスク・宮殿・墓廟を中心として営まれた建築をいうが，イスラム教の成立は7世紀末のことであり，それ以降の建築ということになる．つまり，古代の建築としては後発のものであり，先行するビザンチンや西アジアの建築から多くのものを受け継いで出発しているが，その後，強固な統一性をもつイスラム社会の拡大とともに，スペインから中国・インドネシアに至るヨーロッパとアジア，そして北アフリカの広大な地域に広がり，もちろん今日も盛んに行われている．したがって，本書の対象とするヨーロッパの建築と本来同等な時間的・空間的広がりをもっており，西洋建築史の一節に収めてしまうのはもともと妥当ではない．それは前節のビザンチン建築にも程度の差はあれ当てはまる．イスラム建築とビザンチン建築は，いわばヨーロッパ建築史と並行する同時代史もしくは少し前の歴史をなすものであるが，ヨーロッパの建築と密接な関わりがあり，特にイスラム建築はヨーロッパの中世建築に影響を与えているので，ここに一節を設けた．

イスラム建築の中心テーマは，やはりイスラム教の礼拝施設モスクである．モスクは基本的には信徒が集まる広い集会室のような施設で，キリスト教の教会堂や仏教の寺院のような祭室や内陣はなく，モスク内部に聖性のヒエラルキーがあるわけではない．しかし，ミヒラブ（最近は「ミフラーブ」と表記されることが多い），ミンバール，ミナレットという必須の装置はある．

ミヒラブというのは，イスラム教の聖地メッカの方向を示す壁(キブラ壁という)のニッチ(壁龕)であり，礼拝するべき方向を示す．ミンバールはミヒラブのそばにある説教壇である(図1-57)．そしてミナレットは，モスクの外に建てられる1つあるいは数基の細長いロケットのような塔で，光塔とも訳される．この塔には何段かのバルコニーがあり，そこから礼拝の時間が信徒に呼びかけられる．そのほかには，回廊つきの中庭があることが多く，その中心には身を清める水がある泉亭(ハウズ)が設けられることが多い(図1-58)．

モスクの屋根の架構には，ビザンチンから受け継いだペンデンティヴ・ドームが用いられることが多い．規模としてはハギア・ソフィアを超えるドームは架けられなかったが，構法の精緻化と造形的洗練が図られ，ほとんど完璧ともいうべき仕上がりをもつペンデンティヴ・ドームが次々に建てられた．イスラム教は偶像崇拝を認めないので，モスク内には絵画や彫刻はなく，アラベスクと呼ばれる複雑な植物文様や，幾何学的な文様，それにイスラム教の聖典コーランの文字を文様化した装飾など，総じて抽象的な装飾しかみられなかった．しかし，それらの細工は精緻をきわめた．あるいは，しだいに高度な技術が発揮されてつくられるようになった鮮やかな釉薬タイルで表面が覆われることもあった．これらはすべて平面的な装飾であり，イスラム建築の装飾的細部はおおむね立体性を欠くが，唯一の例外といえるのがムカルナス(英語ではスタラクタイトという)である．これは，ドームやヴォールトの内側や基部，アーチの下端部などに施された持送りの組み合わせ装飾で，折り紙細工もしくは鍾乳洞のような非常に複雑な立体幾何学による装飾であり，ムカルナスはイスラム建築の細部意匠の最大の特徴をなしている(図1-59)．

図1-57　ミヒラブ(奥)とミンバール(右手前)(スルタン・ハッサンのモスク)
(カイロ，エジプト，1356～1363年)

図1-58　回廊付きの中庭と泉亭(左手前)(スルタン・アフメトⅠ世のモスク)
(イスタンブール，1617年)

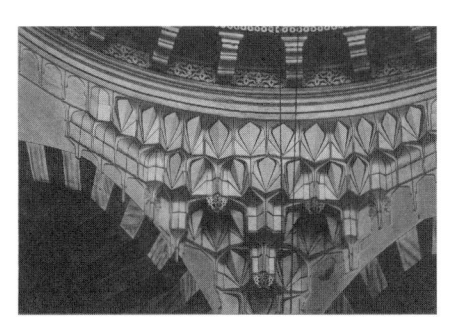

図1-59　ムカルナス(スレイマンⅠ世のモスク)
(イスタンブール，1557年)

■**多彩なアーチ**

イスラム建築は，そうした精緻な細部意匠に特異な展開を示すが，もう1つの大きな特徴は多彩なアーチ形を駆使したことである．馬蹄形アーチ，二心アーチ（2つの円弧曲線からなる．ランセット・アーチともいう）と四心アーチ（4つの円弧曲線からなる．その一種がテューダー・アーチ）の尖りアーチ，反転曲線からなるオジー・アーチ，ごく普通の半円アーチ，それに三葉形アーチや多葉形アーチが盛んに用いられた（図1-60）．

なかでも馬蹄形アーチは，アラビック・アーチとも呼ばれるようにイスラム建築が好んで用いたモチーフである．そして，それらのアーチの下端は，先述のように複雑な装飾的細部でしばしば埋め尽くされ，ただれたような表現が与えられた（図1-61）．あるいはまた，アーチ自体が2色の石を交互においたり，塗り分けたりしてゼブラ模様にされたのである（図1-62）．

その実例であるが，イスラム建築は先述のように広大な時空間に及んでいるので大変乱暴なあげかたになるが，まずモス

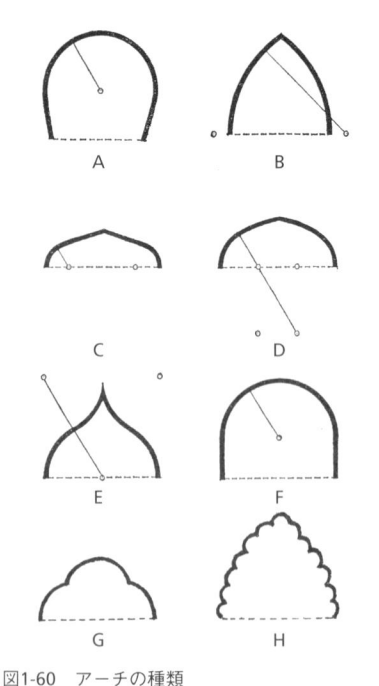

図1-60　アーチの種類
　　　A：馬蹄形アーチ，B：ランセット・アーチ，
　　　C：テューダー・アーチ，D：四心アーチ，
　　　E：オジー・アーチ，F：半円アーチ，
　　　G：三葉形アーチ，H：多葉形アーチ

図1-61　アーチの下端（アルハンブラ宮殿）
　　　（グラナダ，スペイン，13〜15世紀）

図1-62　ゼブラ模様のアーチ（コルドバの大モスク）
　　　（スペイン，1101年）

クの代表としては，どちらもイスタンブールにあるスレイマンⅠ世のモスク(1557年)とスルタン・アフメトⅠ世のモスク(1617年)．前者はオスマン・トルコの建築家で，イスラム世界の建築家の代表と目されるシナン(Sinan 1490年頃-1588年)の代表作(**図1-63**)である．後者は，ハギア・ソフィアと向かい合って建ち，内部一面に青い釉薬タイルが張られているゆえに「ブルー・モスク」の通称をもつ非常に幻想的な出色の作品である(**図1-64**)．墓廟の代表作としては，いずれもインドのムガール帝国のものになるが，デリーのフマーユーンの墓廟(1566年)とアグラのタージ・マハル(1653年)がある．後者は工芸品ともみまがう大理石の精巧な造作を示す(**図1-65**)．

　ヨーロッパのイスラム建築の遺構は，中世を通じてイスラムとの抗争があったスペインに多い．その代表が，コルドバの大モスク(1101年)とグラナダのアルハンブラ宮殿(13～15世紀)である．前者は紅白のゼブラ模様のアーチを支える514本の円柱が林立する大規模なモスク(**図1-62参照**)であり，後者はヨーロッパにおけるイスラム最後の砦となった宮殿で，庭園や巧みな水の使い方も含めて，イスラムの世俗建築の集大成的な作品である(**図1-61参照，図1-66**)．

図1-63　スレイマンⅠ世のモスク
　　　　（イスタンブール，1557年）

(a) 外　観

(b) 内　部

図1-64　スルタン・アフメトⅠ世のモスク
　　　　（イスタンブール，1617年）

(a) 外観

図1-66 アルハンブラ宮殿
　　　　（グラナダ，13〜15世紀）

(b) 内部詳細

図1-65　タージ・マハル（アグラ，インド，1653年）

● **演習問題**

1. エジプトのマスタバとピラミッドの関係について述べなさい．
2. 古代西アジアの現存遺構がなぜ少ないか，その理由を述べなさい．
3. エーゲ海の建築の造形的特色と，それがギリシアの神殿建築に与えた影響について述べなさい．
4. 古代ギリシア建築の微量変形について論じなさい．
5. 古代ローマ建築がギリシアからなにを学び，いかなる点でそれを凌駕したかを論じなさい．
6. 古典建築のオーダーについて述べなさい．
7. ビザンチンの建築史上における最も大きな貢献について論じなさい．
8. イスラム建築の造形的特色について書きなさい．

第2章 中世

2.1 プレ・ロマネスクの建築

　プレ・ロマネスクというのは，前ロマネスクという意味で，ロマネスク成立以前の9〜10世紀の建築を指して用いられる用語である．これはその名の通り，次に来る様式の準備段階ということで，さしたる独自性はもたず，同時代の東ローマ帝国で行われていたビザンチン建築や，台頭してきつつあったイスラム建築に比べて，はるかに水準の低い素朴なものであった．その素朴さは，ブラッドフォード・オン・エイヴォンの通称サクソン・チャーチ(975年頃)によくうかがえる(図2-1)．ただし，アーヘンの宮廷礼拝堂(795〜805年)など，ビザンチンの影響を受けてかなりの洗練を示すものも一部にみられ，またザンクト・ガレンの修道院(820年頃)など，小さな都市ともみなし得る複合建築群が形成されていたことも知られている(図2-2,3)．

(a) 外観 　　　　　　　　　　(b) 内部

図2-1　サクソン・チャーチ(ブラッドフォード・オン・エイヴォン，イギリス，975年頃)

図2-2　アーヘンの宮廷礼拝堂
（ドイツ，795〜805年）

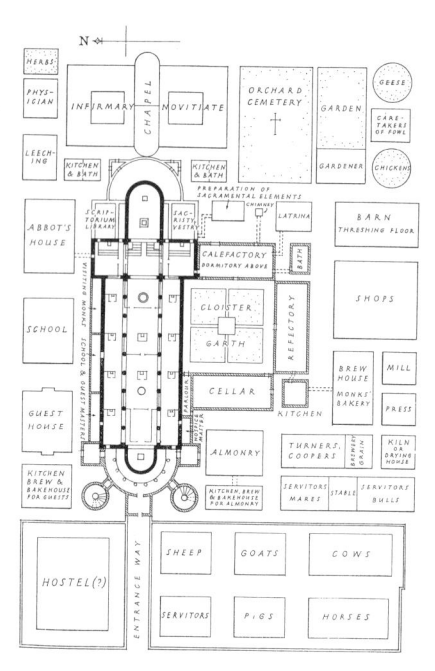

図2-3　ザンクト・ガレンの修道院，平面図
（スイス，820年頃）

2.2 ロマネスクの建築

ロマネスクは，11世紀から12世紀にかけて東フランク王国と西フランク王国を中心として行われた様式である．この時代は，キリスト教を精神的な基盤として統一的なヨーロッパ世界がつくられつつあったときである．また，修道院活動が最も盛んな時期であったから，修道院の建築にすぐれたロマネスクの遺構が多い．

■厚い壁と半円アーチ

ロマネスクの時代は，後のゴシック期に比べると，各地の直接の交流がまだそれほど盛んではなく，各地の地方色を豊かに残している．それらは，ときには同じ様式の名で呼ぶのがためらわれるほどに多様であるが，しいて共通する特色をあげると，まず石造の厚い壁の建築だということである．壁が厚くなるのは，石造のヴォールト天井をかけたからで，ヴォールトの推力に抗するためである．天井は当初は木造のトラス小屋組であり，一部の地域ではロマネスク期を通じて木造のままであった．また，古代ローマの影響が強く残る南フランスではドーム天井がしばしば用いられている．しかし，おおむね11世紀末から各地に石造のヴォールト天井が普及していき，それに応じて厚い壁の建築ができあがっていくこと

になる．構造体としての厚い壁であるから，窓もそれほど大きく開けることができず，間隔を大きくあけて設けられた小さな窓からの採光によったから，堂内はそれほど明るくはない．そして装飾的な細部は比較的少なく，全体として簡素でマッシヴ（量塊的）で鈍重な印象を呈する．

もう1つの共通する特色は，半円アーチが多用されることである．開口部の上部はもちろんすべて半円アーチ形であるし，壁を飾り，リズムをつけるためにも半円アーチの盲窓やロンバルド帯が盛んに用いられた．ロンバルド帯というのは，イタリア北部のロンバルディア地方が発祥の地とされたためにそう呼ばれるもので，壁を柱形で垂直に分割していくものであるが，その各部分の上部は水平に連続する半円アーチ列で飾られるのである（図2-4）．ロマネスクの造形は，この半円アーチ形が上下に重ねられたり，大きな半円アーチの中に小さな半円アーチ列が入れられたり，極端にいえば半円アーチ形のみで造形が行われているとすらみえるほど，これを多用するものである（図2-5）．

なお，ロマネスクという様式名は19世紀初頭に登場した名前であるが，もともとは「ローマ的」という意味である．つまり，その頃は今日ロマネスクと呼ばれる建築が，同じく半円アーチをしばしば用いた古代ローマの建築と似ているということで，その名がつけられたわけである．いずれにしても，半円アーチはロマネスク建築の一大特徴ということができる．

図2-4　ロンバルド帯，シュパイヤー大聖堂の例（ドイツ，1061年）

図2-5　半円アーチの多用，ヒルデスハイムのザンクト・ミヒャエルの例（ドイツ，1033年）

■ロマネスクのプランと空間

 以上が,現実のロマネスクの遺構に共通する特色であるが,次にロマネスクはなにを目指したか,なにが理想的・典型的なロマネスクかについて述べよう.

 ロマネスクの建築は教会堂が中心であるが,そのプランはラテン十字(4本の腕のうち,1本の腕だけが他の腕に比べて長い十字)のバシリカ式が多い.バシリカ式というのは,初期キリスト教建築のところで述べたように,柱列で分けられた細長いいくつかの空間からなるが,その細長い空間を廊と呼び,中央の幅の広い廊を身廊(ネイヴ),左右の狭い廊を側廊(アイル),身廊・側廊と直角に交差するラテン十字の左右の腕の部分を袖廊(トランセプト)と呼ぶ.そして,十字の交差するところを交差部,その奥を祭室部もしくは内陣,祭室部の周囲を周歩廊という(図2-6).なお,祭室はキリスト教の聖地エルサレムがヨーロッパからみて東にあることから東側に設けられることが多く,入口は西側にあることが多い.したがって,入口を西側正面,祭室のある側を東端部と呼ぶ.

 先にいくつかの空間と書いたのは,側廊がないもの(単廊式),左右に1つずつのもの(三廊式,これが最も多い),2つずつの大規模なもの(五廊式),さらに真ん中に柱列のある変則的なもの(二廊式)もあるからである.身廊も側廊も,ベイと呼ばれる4本の柱で区画された正方形プランの空間が連続する形をとることが多い.そして,その各ベイに交差ヴォールト(クロス・ヴォールト)がかけられる.交差ヴォールトというのは,同じ高さのトンネル・ヴォールトを直交させたもので,これにより身廊も側廊も,その側面が高いアーチ形をとることが可能になる(図2-7).この交差ヴォールトをかけた正方形プランの空間がリズミカルに交代していくのが理想的・典型的なロマネスクの空間といえる.しばしば「ロマネスクの空間とは,互いに独立した正方形空間の連続」とされるのはそのためである.

 なお,ロマネスクやゴシックの中世の教会堂のプランには各ベイに点線で交差線が書かれていることが多いが,これは交差ヴォールトの交差稜線を描いたもので,つまりは天井伏図である.交差ヴォールトがかけられているかどうかが,典型的なロマネスクの成立条件として重要な要素とされるからである.ドームがかかっているものは点線で円形が書き込まれているから,交差

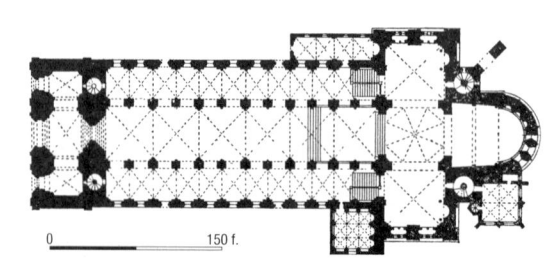

図2-6 典型的なロマネスクの教会堂の平面図,シュパイヤー大聖堂の例(ドイツ,1061年)

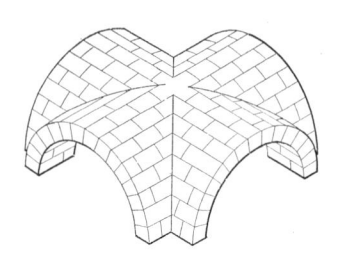

図2-7 交差ヴォールトの図式

線がないプランは，木造のトラス小屋組かトンネル・ヴォールトということになる．ただし，各ベイが点線で区画されていれば，それはトンネル・ヴォールトが各ベイごとに横断アーチによって区画されていることを意味する．実際，そうなっているものが多いが，それはトンネル・ヴォールトの天井でも，正方形空間がリズミカルに交代するという印象をつくりだそうという意図の表れであろう．

■**豊かな地域性**

さて，地域によって多様なロマネスクであるが，次に地域ごとの特色を述べよう．まず，ライン川流域に展開したドイツのロマネスク．これは，上に述べた典型的なロマネスクに近いものが多い．すなわち，そのプランは三廊式で，各ベイには交差ヴォールトがかけられる．ただし，この地域のみの特色であるが，祭室が東西の両方に設けられることが多い．つまり西側にも祭室があるわけで，西側正面も単なる入口ではなく西構え（ヴェストヴェルク）と呼ばれる独特の形を示す．これは，世俗の王をも礼拝の対象としたためだとされる．祭室が2つあるから袖廊も2つ，交差部も2つあることになる．そして，交差部には八角形や四角形のプランの明かり塔が建てられ，そのほかにも四角形や円形のプランの鐘塔や階段塔が建てられるから，多くの塔が林立する外観を呈する．その代表例が，シュパイヤー大聖堂(1061年献堂)，ヴォルムス大聖堂(1181年献堂)，コブレンツ西郊のマリア・ラーハ聖堂(1156年献堂)である(**図2-6参照，図2-8,9,10**)．なお，大聖堂という

(a) 外観　　　　　　　　　(b) 内部

図2-8　シュパイヤー大聖堂（ドイツ，1061年）

(a) 平面図 (b) 外観

図2-9 ヴォルムス大聖堂(ドイツ,1181年) 東西両方に祭室がある.

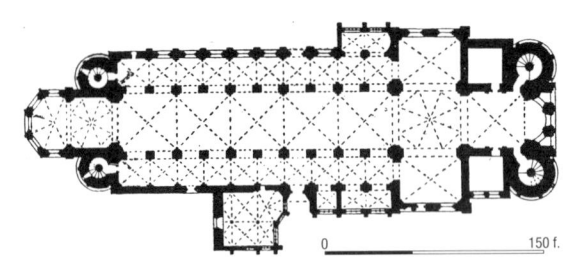

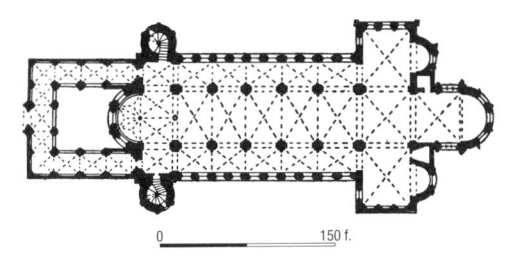

(a) 平面図 (b) 外観

図2-10 マリア・ラーハ聖堂(コブレンツ西郊,ドイツ,1156年)

のは単に物理的に大きい聖堂という意味ではなく,カテドラルの訳語である.カテドラルはカテドラ(司教の座席)のある聖堂という意味で,各司教区に1つしかなく,その司教区の中心である.

フランスのロマネスクは多彩であるが,大きくはブルゴーニュ地方のロマネスクと,西南部の巡礼路沿いのロマネスクと,ノルマンディー地方のロマネスクの3つに分けられる.ブルゴーニュ地方のロマネスクは,ベネディクト会派の大修道院クリュニー修道院を中心とするもので,クリュニー修道院自体の遺構はほとんどないが,この地方にはオータン大聖堂(1146年献堂),ヴェズレーのラ・マドレーヌ聖堂(12世紀前半)という傑作が残されている(図2-11,12).また,クリュニー修道院が巨大化するとと

図2-11 オータン大聖堂,内部
(フランス,1146年)

(a) 外観 　　　　　　　　　　　(b) 内部

図2-12　ラ・マドレーヌ聖堂(ヴェズレー，フランス，12世紀前半)

(a) 外観 　　　　　　　　　　　(b) 内部

図2-13　ポンティニーの修道院教会堂(フランス，1170年頃)

もに華美になっていくのに抗して純粋な修道院活動を志し，まったく装飾的細部を忌避して厳格な造形を目指したシトー会修道院もこの地方のものである（図2-13）．

次に巡礼路沿いのロマネスクというのは，当時の巡礼者が目指した聖地，スペインのサンチャゴ・デ・コンポステーラにたどり着くまでの街道沿いに点在するものである．トゥールーズのサン・セルナン聖堂（1096年献堂）がその最大の遺構であるが，この地方の教会堂のプランは放射状に配された祭室をもつという共通の特徴がある（図2-14）．祭室はアプス（半円弧形の突出）となって外に張り出すから，東端部はいくつかの円い突出部が並ぶ外観を呈する．巡礼者が各祭室を順番にシステマティックに礼拝することができるようにした結果だとされる．巡礼路沿いのロマネスクには，プランこそ共通点があるが，その他の点では多様な遺構に富む．たとえば，ペリグーのサン・フロン聖堂（1120年頃起工）やアングレーム大聖堂（1128年献堂）は各ベイにドームをかけているし，ポワティエのノートル・ダム・ル・グラン聖堂（主として12世紀前半）は豊かな彫刻装飾を伴っている（図2-15,16,17）．なお，ロマネスク期の彫刻は，デフォルメが大きくプリミティヴな感じであるのに対して，ゴシックの彫刻は非常に写実的でリアルである．

最後のノルマンディー地方のロマネスク

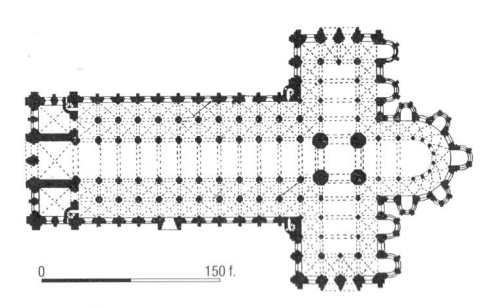

(a) 平面図

(b) 外観

(c) 内部

図2-14　サン・セルナン聖堂（トゥールーズ，フランス，1096年）

図2-15 サン・フロン聖堂，内部
　　　　（ペリグー，フランス，1120年頃）

図2-16 アングレーム大聖堂，内部
　　　　（アングレーム，フランス，1128年）

(a) 外観

(b) 細部

図2-17 ノートル・ダム・ル・グラン聖堂（ポワティエ，フランス，12世紀前半）

は，イギリスにも広がっている．ノルマン人がつくったノルマンディー公国がイギリスを征服したためである．この地方のロマネスクは，西側正面に2つの塔をもつものが多く，これは後のゴシックに踏襲されるものである．カーンの男子修道院付属教会堂のサン・テティエンヌ（1077年献堂）と女子修道院付属教会堂のラ・トリニテ（1066年献堂），イギリスのダラム大聖堂（1094〜1133年）など，完成度の高い傑作が多い（図2-18,19,20）．なお，カーンの2つの修道院教会堂はよく似ていて，いずれも六分ヴォールトである．六分ヴォールトというのは2つのベイを1つのセットにしてリブで6分割するもので，交差リブは1つ飛んだ先のベイを結ぶ．これに対して，1つのベイをリブで4分割するのが四分ヴォールトで，これの例が多数派であるが，両者には発展経緯におけるはっきりした前後関係はないようで，常に併存している．

　イタリアとスペインには，上にあげたようなロマネスクらしいロマネスクは少ない．イタリアは初期キリスト教教会堂の伝統を強くとどめており，イタリア・ロマネスク最大の遺構であり，斜塔（鐘塔）で名高いピサ大聖堂（1118年献堂）ですら，その身廊は木造天井である（図2-21）．

(a) 外　観　　　　　　　　　　　　　(b) 内　部
図2-18　サン・テティエンヌ修道院教会堂（カーン，フランス，1077年）

図2-19　ラ・トリニテ修道院教会堂，内部
　　　　（カーン，1066年）

(a) 外観

(b) 内部
円柱の周囲にジグザグ模様が彫りこまれ、またリブの下端もジグザグになっており、非常にダイナミックな感じを与える．

図2-20　ダラム大聖堂（イギリス，1133年）

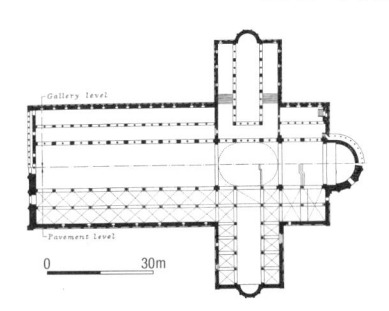

(a) 平面図

(b) 外観

(c) 内部

図2-21　ピサ大聖堂（イタリア，1118年）

2.3 ゴシックの建築

　ゴシック建築の始まりは，サン・ドニ大聖堂（カテドラルとなったのは1966年のことであり，大聖堂と書かないものも多い）の内陣とされる．この内陣の完成が1144年であるから，ゴシックは12世紀半ば以降の様式ということになる．始まりは一致しているが，終わりはさまざまである．イタリアは早くも1420年頃にはルネサンスに入るが，フランス・ネーデルラント（今日のベネルックス3国．ちなみにオランダはネーデルラント内の有力州であるホラント州がなまったもの）・スペインはさらに100年ほどゴシックが続くし，ドイツ・イギリスはさらに17世紀頃までもゴシックが続くことになる．いずれにしても，12世紀半ばから15世紀初頭，ところによっては17世紀まで続いた中世の建築を代表する様式がゴシックである．

　ゴシックは中世建築の代表であるのみならず，中世の文化全体を代表するものとされる．ゴシックの大聖堂は成熟した中世文化を象徴する存在であり，現実に大聖堂には建築のみならず，彫刻・絵画（ステンドグラス）・音楽・文学（聖書・説教）といった諸芸術が集約された．ゴシックの大聖堂が，「石に刻まれた百科全書」とか「石に化したスコラ哲学」と評され，時代精神を如実に表現したモニュメントとされるのはそれゆえである．したがって，ゴシック期は，建築が時代の文化を代表したわけであり，すべての建築はゴシックの状態に憧れるともいわれる．そうしたモニュメントの存在を可能にしたのは，極度に発達した石工技術であり，巨大なドームをつくった古代の石造技術とは異なるもう1つの石工技術の究極の発展の産物といえる．実際，ゴシックの構造技術は，今日でも完全な力学的解析を許さないもののようである．当時の石工たちは，ただ経験的な知識にのみ頼って大聖堂を建てたわけである．もっとも，イタリアを除くヨーロッパの地は比較的地震が少なく，最大の水平荷重は風荷重だという幸運な条件が働いた側面もある．

■ゴシックの構成要素

　先に，ゴシックはサン・ドニ大聖堂の内陣から始まったと書いたが，それでは何をもってゴシックとするのだろうか．ゴシックの視覚的イメージを決定づけている要素としてしばしば3つのものがあげられる．尖りアーチ（ポインティド・アーチ，尖頭アーチともいう），リブ・ヴォールト（正確にはリブド・ヴォールトであるが，慣習的にこう呼ばれている．肋骨ヴォールトともいう），フライング・バットレス（飛梁，または飛控え）である（図2-22）．

　尖りアーチというのは頭が尖ったアーチで，半円アーチよりも横への推力が小さいとされる．リブ・ヴォールトというのはリブのついた交差ヴォールトのことで，リブとは交差ヴォールトの下面の稜線上におかれた線状の石のことである．リブはヴォールトを補強するためのアーチであるとか，ヴォールト施工上の指針とされたとか解釈されているが，おそらく視覚的効果の追及のほうが理由としては強いであろう．そしてフライング・バットレスというのはヴォ

ールト天井の推力を外の控壁から突っかい棒のようにして支えている部材である．機能としては空中を飛んでいる控壁であるが，イメージとしては梁のようでもあるので飛控えとも飛梁とも呼ばれる．これら3つの要素は，すべてロマネスクの末期に登場しており，ゴシックになってはじめて出現したのではない．しかし，ゴシックはこれらの要素を巧みに用いて1つの明白な造形的イメージをつくりだした．そしてそのイメージをもつ空間がサン・ドニ大聖堂の内陣ではじめて実現されたと考えられているのである．

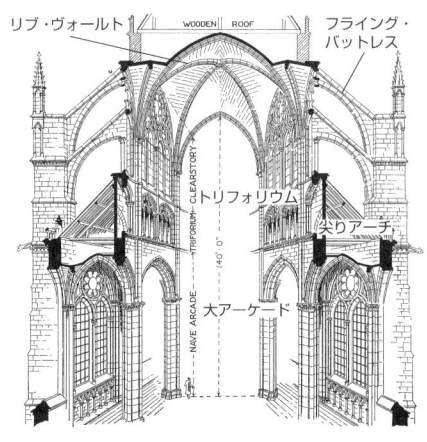

図2-22 ゴシックの主要な三つの視覚的要素を示す図

それでは，その造形的イメージとはいかなるものであろうか．ロマネスクと違ってゴシックは，比較的統一的なイメージをもち，地方による相違もそれほど大きくはない．情報の伝達がロマネスク期よりもはるかに大きく，同じ石工が今日の東欧までも含めたヨーロッパ各地で仕事をしていることが知られているが，そうした盛んな人の移動によって技芸が伝搬したからであろう．その統一的なイメージの1つが部材の線状化である．あるいは面の喪失ともいえる．ゴシックは壁などの面的な要素をできるだけなくし，線のみでできた鳥籠のような視覚的イメージを目指したのである．壁には大きなステンドグラスが入れられたが，これを可能にしたのがフライング・バットレスである．ヴォールト天井の推力を厚い壁ではなく，要所要所の突っかい棒で支えようとしたのである．同様な突っかい棒はロマネスク期には，側廊の小屋裏に隠されていたのであるが，ゴシック期にはこれを外に出し，それにダイナミックな造形を与えた．

また，束ね柱（ピア）と呼ばれる実際は非常に太い柱も，表面に付けられた細い柱の集合からなっているようにみえ，本当は厚い石のヴォールト天井にも装飾的なリブが付けられ，ヴォールト天井は重さを失って薄い膜のような様相を呈することになった（図2-23）．束ね柱の1つの細い部材が上へ伸び上がり，それが連続的にリブの1つとなってベイをまたぎ，再び反対側の束ね柱の部分につながる．まさに籠のような内部空間のイメージがそこに現出されているの

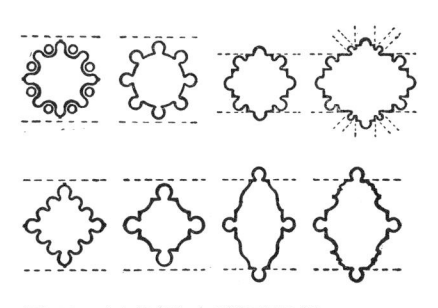

図2-23 束ね柱（ピア）の断面図の例

である．あるいは，すべての石が重さを失って布のレースのようになり，空中に浮遊するかのような，非日常的な空間ができあがっているともいえる（図2-24）．こうしたイメージをヨーロッパの深い森を表現したものだとする説もあるが，超越性を目指す表現の結果が深い森のイメージとつながったということであろう．

図2-24 究極のゴシックのイメージ，サン・ピエール聖堂の例（カーン，14世紀）

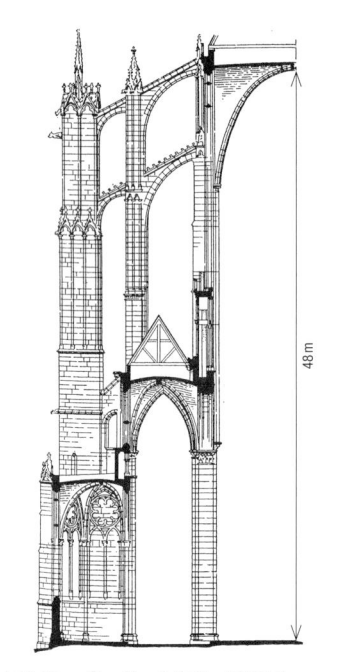

図2-25 ボーヴェ大聖堂，断面図（フランス，1272年）
これはあまりに高かったせいか工事中に一部が崩壊し，現在も内陣部のみで建っている．

もう1つのゴシックの視覚的イメージは強い仰高性・上昇性である．まず尖りアーチ自体が端的に仰高性を表現している．ロマネスク期はすべてが半円アーチであったが，ゴシック期にはこれがすべて尖りアーチに代わる．そして，ヴォールト天井の絶対的な高さもしだいに高くなっており，ボーヴェ大聖堂（1242～1272年）では48mにもなっている（図2-25）．また，身廊の高さの幅に対する比率も時代とともに増しているが，これは上方を目指す傾向の増大を意味しているであろう．それに加えて，水平に区切る部材の存在がしだいに希薄になり，一直線にひたすら上方を目指すようになる．すなわち，身廊内部の立面でいうと，ロマネスク期には下から大アーケード，トリビューン（二階廊），トリフォリウム，ク

リアストーリー（高窓層）と，水平に4層に区切られていたが，ゴシック期に入るとトリビューンがなくなって3層構成が一般的なものになり，ときにはトリフォリウムを欠いたり，礼拝堂のような小規模な教会堂に限られるが高窓層だけからなるいわば一層構成に近いようなものも現れるようになる（図2-22参照）．パリのサント・シャペル（1241～1248年）やケンブリッジのキングズ・カレッジのチャペル（1446～1515年）がそうした例である（図2-26,27）．ゴシックのステンドグラスは「光る壁」とか「透明な壁」といわれるが，まさに前者は光る壁に囲まれた「ガラスの宝石箱」である．

図2-26 サント・シャペル、内部
（パリ、フランス、1248年）

図2-27 キングズ・カレッジのチャペル、内部
（ケンブリッジ、イギリス、1515年）

表現であろう．

以上の点に加えて，ゴシック建築の特徴を述べると，まずプランであるが，ロマネスク期に比べて内陣部が大きく奥深くなり，それにしたがって袖廊の位置が中央付近に来ることになる．これは儀式の複雑化に伴って内陣部のスペースの増加が望まれたためだとされる．また，袖廊自体の突出も目立たなくなる．そして東端部は1つの大きな円弧を描くようになるから，全体のプランは釣鐘のような形となる．要するにあまり凹凸のない1つの大きな空間になっていくということである（図2-28）．

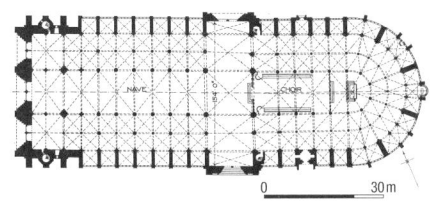

図2-28 ゴシックの教会堂の平面図の代表例，パリ大聖堂の例（1250年頃）

■**各地を代表する遺構**

次に各地方ごとの実例について述べる．ゴシックは統一的なイメージが強いが，それでも地方ごとの特色はある．

ゴシックの発祥がサン・ドニ大聖堂とされることから推察されるように，ゴシックの中心はフランスである．初期を代表する遺構が，先にもあげたサン・ドニ大聖堂とラン大聖堂（1160〜1230年頃），パリ大聖堂（1163〜1250年頃）であり，盛期ゴシックを代表するのがシャルトル（1194〜1225年頃），ランス（1211〜13世紀末），アミアン（1230年頃〜1410年頃）の各大聖堂である（図2-29,30,31,32,33,34）．中でもランスは

水平方向の区分をなくそうとする傾向は，また柱頭飾りの消滅となって現れる．すなわち，ロマネスクではさまざまな造形が施されていた柱頭飾りがゴシックではしだいに簡単なものになっていき，ついには単なるリングのようなものになる．これもまた，遮るものなくひたすら上方を目指す傾向の

(a) 外観　　　　　　　　(b) 内陣
図2-29　サン・ドニ大聖堂(フランス、1144年)

(a) 外観　　　　　　　　(b) 内部
図2-30　ラン大聖堂(フランス、1230年頃)

(a) 外観

(b) 内部

図2-31 パリ大聖堂（フランス，1250年頃）

図2-32 シャルトル大聖堂，外観（フランス，1225年頃）

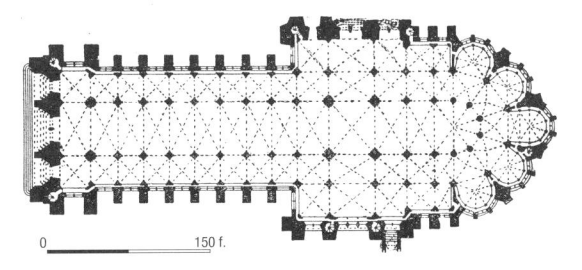

(a) 平面図

(b) 外観

(c) 内部

図2-33 ランス大聖堂（フランス，13世紀末）

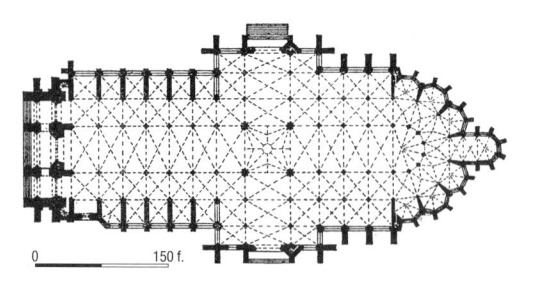

(a) 平面図

(b) 外観

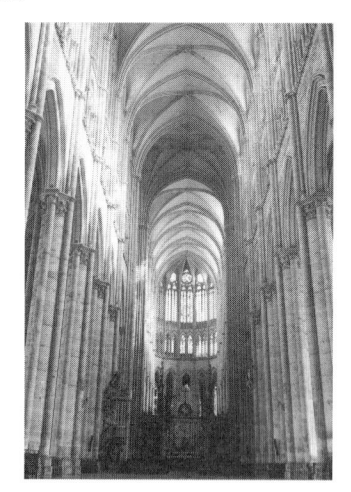

(c) 内部

図2-34 アミアン大聖堂(フランス，1410年頃)

図2-35 フランボワヤンのトレーサリー，パリのサント・シャペルの例(フランス)

「ゴシックの女王」，アミアンは「ゴシックの王」とされ，この2つの大聖堂がヨーロッパのゴシック建築を代表するものといわれる．特にランス大聖堂の外観はゴシックの最高峰と目され，アミアン大聖堂の内部は究極のゴシックの内部空間といえる．なお，15世紀後半のゴシック末期のスタイルを「フランボワヤン」と呼ぶが，これは「燃えあがる炎のような」という意味で，主として窓のトレーサリー（窓の上部を分割する石の装飾的な桟）からの印象を表現したものである（**図2-35**）．同様に，13世紀頃のスタイルを「レイヨナン」と呼ぶことがあるが，これは「放射状に輝くような」という意味で，やはりトレーサリーの印象を表現したものである．

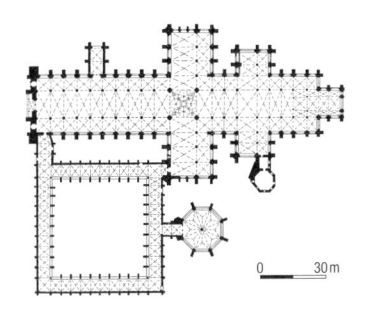

(a) 平面図

(b) 外観

(c) 内部

図2-36　ソールズベリー大聖堂(イギリス，1265年)

フランスについでゴシックの大規模遺構が多いのがイギリスである．ソールズベリー大聖堂(1220〜1265年)，ヨーク大聖堂(1220年頃〜1477年)，リンカーン大聖堂(主として1192〜1250年頃)，イーリ大聖堂(1083〜1200年頃)がその代表例であるが，イギリスのゴシックはヴォールト天井の装飾リブを極度に発達させた点に最大の特色がある(図2-36,37,38,39)．すなわち，ヴォールト天井のリブはフランスでは横断リブと交差リブという基本的なリブの間に枝リブが少し加えられる程度が多いが，イギリスではリブがシステマティックに展開され，棕櫚状，扇状，網目状などの非常に華麗な様相を呈する．また，窓のトレーサリ

図2-37　ヨーク大聖堂，外観(イギリス，1477年)

ーも複雑に発達させており，その複雑さの程度によって，13世紀半ばまでを「初期イギリス式」，14世紀半ばまでを「装飾式(デコレイテッド)」，それ以降を「垂直式(パーペンディキュラー)」と呼んでいる(図2-40)．しかし，その他の点では穏やかな展開を示している．すなわち，内陣は奥深

(a) 外観

(b) 内部

(c) 内部詳細
「エンジェル・クワイア」と呼ばれる部分．高窓のトレーサリーは，外側のガラスの入っているところのみならず，内側にも二重に設けられており，きわめて装飾的．

図2-38　リンカーン大聖堂（イギリス，1250年頃）

(a) 外観

(b) 内部

図2-39　イーリ大聖堂（イギリス，1200年頃）

いが東端部は円弧形ではなく直線になることが多く，身廊の幅が狭い．また，袖廊の突出は大きく，しばしば2つの袖廊があるので，非常に細長い矩形に2つの細い矩形が交差したようなプランを形づくることになる(**図2-36(a)参照**)．身廊の幅が狭いので，ヴォールトの推力がそれほど大きくなく，したがってフライング・バットレスはそれほど発達していない．

ドイツのゴシックを代表するのはケルン大聖堂(1248年起工，完成は1880年)である(**図2-41**)．これは，通常のゴシックのように正面に2つの塔を構えるが，ドイツには正面の中央に1つの塔をおいたものもみられる．ウルム大聖堂(1377〜1543年)がその例である(**図2-42**)．また，ドイツには「ハーレンキルヘ(ホール型教会堂)」と呼ばれる特殊な遺構がある．これは身廊と側廊の天井高さが等しく，身廊と側廊の空間的な区別が希薄になって1つのホールのようになったものである．ランツフートのザンクト・マルティン聖堂(1387〜1500年頃)がその代表例であるが，構造上からして大規模なものはつくりにくく，この型の教会堂はそれほど大きくない(**図2-43**)．

イタリアとスペインは，ロマネスクと同

(a) 初期イギリス式　(b) 装飾式　(c) 垂直式

図2-40　イギリスのゴシックの窓のトレーサリー

図2-41　ケルン大聖堂，外観
　　　　（ドイツ，1248年起工）

図2-42　ウルム大聖堂，外観
　　　　（ドイツ，1543年）

じく真のゴシックの遺構に乏しい．イタリアのゴシックの代表がミラノ大聖堂（1443年献堂）であるが，この西側正面が完成したのは1863年のことであり，いくぶんかは19世紀の建築でもある（図2-44）．スペインを代表するゴシックはブルゴス大聖堂（1221または1222〜1260年）とセヴィリャ大聖堂（1402〜1506年）であるが，典型的なゴシックの姿を実現しているようにみえて，実際は面の喪失というゴシックの特性を完全には具現していない（図2-45）．

図2-44 ミラノ大聖堂，外観
（イタリア，1443年献堂）

図2-43 ザンクト・マルティン聖堂，内部
（ランツフート，ドイツ，1500年頃）

図2-45 セヴィリャ大聖堂，外観
（スペイン，1506年）

2.4 中世の都市と世俗建築

古代の遺構は，神殿・宮殿などのモニュメンタルなものに限られ，都市や住宅の遺構は遺跡しかない．つまり平面の規模がわかるだけで，その上に建っていた施設そのものは残されていない．しかし，中世になると市庁舎や都市の住宅などの遺構が残されており，普通の市民（といっても裕福な人たちではあるが）の具体的な住まい方もわかる．また，パリやロンドンやベルリンなど今日のヨーロッパの大都市には，中世の都市を核に発展してきた都市が多い．中世の建築というとすぐに教会堂建築が想起されるけれども，教会堂建築以外にも中世の遺構は多い．そこで，この節では，これまで触れなかった中世の非宗教建築について述べておきたい．

■城郭と公共建築

中世の非宗教建築の遺構を代表するものは，城郭建築と都市の公共建築である．城郭は，当初は木造の簡素なものが多かったが，封建領主間の戦闘の増加に伴って，石造の堅固な防備施設が構築されるようになる．そして十字軍の遠征（侵略）は，イスラム圏のすぐれた城郭建築を学ばせることになる．ビザンチン帝国を通じて古代ローマの文明を継承していた当時のイスラム圏は，

2.4 中世の都市と世俗建築

中世を通じてヨーロッパを凌駕する建築文化をもっていたのである．しかし，14世紀ごろから戦闘そのものが減り，また火薬の発明に伴う武器の強力化によって城郭の防備性が無力になって行くにつれて，城郭は邸宅化していくのである．

中世の城郭の代表的な遺構としては，イギリスのドウヴァー城（1179～1191年頃）やカーナヴォン城（1283～1323年）と，フランスのピエルフォン（1392年頃～1411年頃）やカルカソンヌ（13世紀）があげられる（図2-46,47,48,49）．ただしフランスの2つはともに19世紀に大幅な修改築を受けている．19世紀はゴシック・リヴァイヴァルなど中世趣味が横溢した時期であり，この2つは半ば19世紀の作品ともいえる．なお，イギリスには城郭が邸宅化していったマナー・ハウス（荘園領主の邸宅の意味）の例が多数現存する．これは近世以降のカントリー・

図2-47　カーナヴォン城（イギリス，1323年）

図2-48　ピエルフォン城（フランス，1411年頃）
壁の上部や屋根などは19世紀にヴィオレ＝ル＝デュク（5.3節参照）の修復したもの

図2-46　ドウヴァー城（イギリス，1191年頃）

図2-49　カルカソンヌ（フランス，13世紀）

ハウスの祖型となったもので，通常，その主屋は大きく3室に分けられ，中央の広間（ホール）の左右に主人の居室とサーヴィス用スペースを配したものである（図2-50）．そして広間には，ハンマービームという木造の持送りによる華麗な天井がかけられていた（図2-51）．

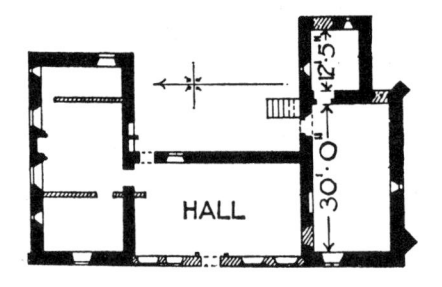

図2-50　マナー・ハウスの平面図，チャーニー・マナー・ハウスの例（数字の単位はフィート）（バークシャー，イギリス，1280年頃）

図2-51　ハンマービームによる天井架構，ハンプトン・コート宮のグレート・ホールの例（イギリス，1536年）

一方の都市の公共建築を代表するのは市庁舎である．その代表的な例がブリュッセルの市庁舎（1402～1455年），シエナの市庁舎（1298～1681年），そしてヴェネチアのパラッツォ・ドゥカーレ（統領宮，14～15世紀）である（図2-52,53,54）．これらは，いずれもその前面の広場とともに存続してきており，中世の都市広場の最もすぐれた例ともなっている．

ベルギーのブリュッセル市庁舎は15世紀前半に建てられたもので，造形的には盛期ゴシックの作品である．その前面のグラン・プラスと呼ばれる矩形の広場は中世から近世にかけて建てられた建物で取り囲まれ，広場自体がまれにみる建築歴史博物館の様相を呈している（図2-55）．

イタリアのシエナ市庁舎は主として13世紀末から14世紀初めにかけて建てられたもので，その前面の広場が統一的な造形性をもつ建物で取り囲まれたカンポ広場である（図2-56）．この広場は珍しく扇形のプランをしており，そのかなめの位置に市庁舎があるのだが，かなめに向かって低くなるかなり急勾配の斜面となっている．街路も広場から放射状に配されており，都市における中心性を高めている．

ヴェネチアのパラッツォ・ドゥカーレはヴェネチア共和国のドージェ（統領）の館であり，市庁舎とは少し異なるが，共和国の政庁舎であるから同様なものとしてよいだろう．これは今日もなお世界の広場を代表するサン・マルコ広場の東南端にある（図2-57）．上の階ほど階高が高く，しかも開口部が少なくなるという一見奇妙な立面をした3階建ての建物であるが，その絶妙の

図2-52 ブリュッセル市庁舎(ベルギー、1455年)

図2-53 シエナ市庁舎(イタリア、1681年)

図2-54 パラッツォ・ドゥカーレ
(ヴェネチア、イタリア、15世紀)

図2-55 ブリュッセルのグラン・プラス(ベルギー)

図2-56 シエナのカンポ広場(イタリア)

図2-57 ヴェネチアのサン・マルコ広場
(イタリア)

立面プロポーションは多くの研究者を引き付け続けている．

■**都市の住宅**

城郭や公共建築以外の都市の住宅も残っている．フランスはブールジュのジャック・クール邸（1443〜1451年）という中庭をもつ大型の住宅もあり，正面だけが街路に面した普通の規模の住宅もかなり残っている（図2-58）．そもそも，中世の都市は城壁で囲まれた今日からみれば非常に狭い領域内に営まれており，計画的にではなく自然に発展していったので，街路は狭く屈曲し，見通しがきかない．だから，狭い街路から突然広場に出るという劇的な経験をすることができる．

城壁内全体が都市民のものであったから，広場も役所も教会堂も文字通り公共的な存在であり，そのようなものとして用いられた．たとえば，教会堂のトランセプトは街路の延長のようにして用いられたともいわれる．城壁内は限られているので，家屋は密集せざるを得なかった．そのプランは間口が狭く奥行きの深いうなぎの寝床型，立面は妻壁を街路側にみせた妻入り，そしてたいていは3階建て以上の階数をもち，上の階にいくにつれて街路のほうへ迫り出してくるという形状をとる（図2-59）．

構造はハーフ・ティンバー（半木造という意味．もともとは1階部分を煉瓦造もしくは石造の大壁にし，上階を木造の真壁にしたことに由来）という真壁造りで，柱形や梁形を装飾的に扱うことが多い（図2-60）．つまり，上階が街路に迫り出してきている3・4階建てのハーフ・ティンバーのスタイルの住宅が密集して，うねりな

がら続いていくというのが，典型的な中世の都市である．モダニズムの時代にはそうした都市は機能的でないとして見捨てられたり改造されたりしたが，現在もヨーロッパ各地に残っている．中には，ドイツの「ロマンティッシェ・シュトラーセ（ロマンティック街道）」沿いの諸都市など，観光と密接に結び付けられた例もある．

図2-58　ジャック・クール邸
　　　　（ブールジュ，フランス，1451年）

図2-59　中世の街並み，ルーアン（フランス）の例

図2-60 ハーフ・ティンバーの住宅,ストラスブール(フランス)のラ・プティット・フランス地区の例(中央の家は1651年)

●演習問題

1. ロマネスクの建築の造形的特色について述べなさい．
2. ロマネスクが発展した地域と，それぞれの地域的特色について述べなさい．
3. ゴシック建築を成立させている要素について書きなさい．
4. ゴシック建築の造形的特色を説明しなさい．
5. 中世の都市の特色について論じなさい．
6. 中世を代表する世俗建築をあげ，その特色を述べなさい．

第3章 ルネサンス以降のイタリア建築の展開

3.1 ルネサンスの建築

　ルネサンスという言葉は，もともとフランス語で「再生」を意味する．その再生の対象は古代ギリシア・ローマの文化であり，ルネサンスはあらゆる芸術を含む総合的な古代ギリシア・ローマ文化の復興運動であった．ただし，建築に関しては，ギリシアの地が当時はオスマン・トルコの支配下におかれていて古代ギリシア建築がヨーロッパ世界には正確に知られていなかったので，ほとんど古代ローマ建築の再生運動ということになる．

　ルネサンスはイタリアで始まった．それは，まずイタリアの地が古代ローマ文化の痕跡を色濃くとどめていたからであるが，同時に当時のイタリアの諸都市がメディチ家（フィレンツェ），ボルジア家（ローマ），ヴィスコンティ家（ミラノ），エステ家（フェラーラ）などの有力な一家によって統治されており，彼らは積極的な芸術擁護活動（メセナ）を行ったからでもある．彼らは中世以来盛んであった産業を育成し，ヨーロッパ各地で積極的な金融・商業活動を行って豊かな資金を蓄えていたのである．このイタリアでしか起こりえなかったルネサンスが，今日フランス語に由来する言葉で呼ばれる理由は，この文化運動の大きな意味を認めて活発な著作活動を展開した18世紀のフランスの学者ジュール・ミシュレ（1798-1874）の影響力による．もっとも，ルネサンスと同じ意味のイタリア語「リナーシタ」を初めてこの運動を表すために用いたのはジョルジョ・ヴァザーリ（1511-1574）である．

■ルネサンスの精神

　ルネサンスという文化運動は，超越的なものよりも現実を，瞑想よりも行動を，曖昧なものよりも明確なものを尊ぶ傾向をもつ．そして可視的・外形的なものとしての身体の再評価が行われる．これは，身体と身体に宿る欲望をいとうべきものとした中世に対する反動である．身体の再評価の具体的な現れは，裸体彫刻の復活である．したがって，ルネサンスはまず彫刻から始まった．それが13世紀のことで，続く14世紀

に絵画と文学のルネサンスが始まり，建築のルネサンスはさらに後の15世紀ということになる．

ルネサンスはまた，人間の能力を高く評価した．中世においては，超越的な神の前では人間はまったく無力な存在であったから，たとえば大聖堂の設計は神の啓示によるものとみなされたが，ルネサンスは人間の創造的な能力を認め，単なる石工や大工ではない創造的な能力と個性を備えた建築家という存在が広く認められたのである．したがって，ルネサンス以降の建築物は建築家の名とともに記録されることになる．「万能の人」(イタリア語では「ウオモ・ウニヴェルサーレ」)という概念は，ルネサンスに登場するもので，中世においては限りある人間(ウオモ)に普遍的・包括的なことを意味する「ウニヴェルサーレ」という形容詞がつくことは，ほとんど形容矛盾だったのである．天才という概念もまた，ルネサンス以降の産物であった．

■**ブルネッレスキの活動**

建築のルネサンスは他の諸芸術に遅れて15世紀に始まると書いたが，それはフィレンツェにおけるフィリッポ・ブルネッレスキ(Filippo Brunelleschi, 1377-1466)の活動とともに始まる．すなわち，彼の設計になるフィレンツェ大聖堂(サンタ・マリア・デル・フィオーレ)のドームの起工が1420年であり，建築のルネサンスはこの1420年頃が始まりとされる(図3-1)．13世紀末に建設が始まったこの教会堂は，交差部のドームの工事が懸案となっていたが，ブルネッレスキは古代ローマの建築の研究に自らの創意工夫を加えてこの難事業をやりとげた．ちなみに，このドームの直径は42mであるが，これはくしくも古代ローマのパンテオンの直径と同じである．フィレンツェ大聖堂の百数十年後に完成するローマのサン・ピエトロ大聖堂のドームの直径も42mであるが，この3つのドームは西洋が組積造で架け得た最大のスパンなのである．

ブルネッレスキは，フィレンツェ大聖堂のドームの起工とほぼ同じ頃にオスペ

(a) ドーム外観

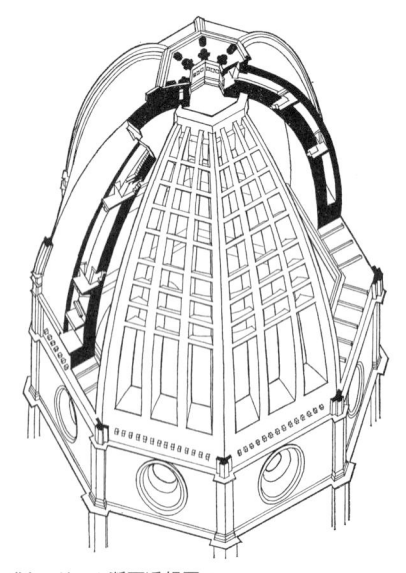

(b) ドーム断面透視図

図3-1 フィレンツェ大聖堂(イタリア，1436年)

図3-2 オスペダーレ・デッリ・インノチェンティ
（フィレンツェ，イタリア，1445年）

(a) 外観

(b) 内部
図3-3 パッツィ家礼拝堂（フィレンツェ，1461年）

ダーレ・デッリ・インノチェンティ（1421〜1445年）の施工にもとりかかっており，1420年という年はルネサンスの始まりとしてふさわしい（図3-2）．ブルネッレスキは，その後パッツィ家礼拝堂（1430〜1461年），サント・スピリト聖堂（1436〜1482年）などの教会堂を設計するが，そこでは古代ローマ建築のオーダーを空間や壁を明晰に分節する道具として用いた（図3-3,4）．ルネサ

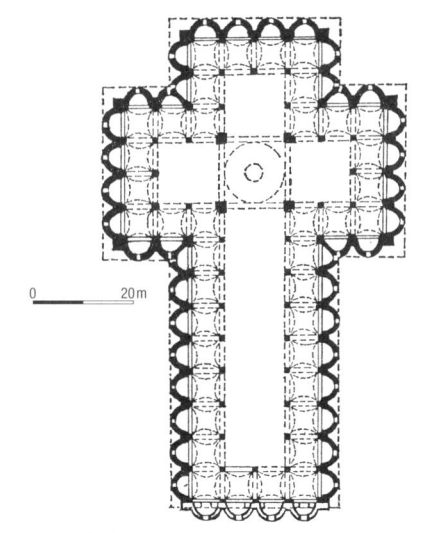

(a) 平面図

(b) 内部
図3-4 サント・スピリト聖堂
（フィレンツェ，1482年）

ンスは，ほとんど分節感を失い，おどろおどろしい造形空間と化していたゴシックに代えて，オーダーによる輪郭のはっきりした分節感のある明るい空間を提示したのであり，このオーダーによる壁や空間の歯切れの良い分節というのが，ルネサンスの建築を特徴づける一大造形効果といえる．

ブルネッレスキの代表作でわかるように，ビルディング・タイプでいうと，ルネサンスの主要な建物は中世と同じくやはり教会堂であった．しかし，ルネサンス期には，中世では洗礼堂などの付属施設でしか用いられなかった集中式のプランが用いられるようになる．集中式のプランというのは，初期キリスト教建築のところで述べたように四方対称形のプランをいう．もちろん，従来のバシリカ式のプランも用いられたが，バシリカ式を用いる場合も，袖廊と内陣とが同じ形をした三方対称のプランをとることが多い．これは，バシリカ式のプランが内陣あるいは上方という超越的な目標に向けての一方向的な動きを誘うのに対し，集中式のプランは中央に中心があり，そこにいる人間が中心となるような空間になるからと解釈されている．

教会堂と並ぶルネサンスのもう1つの主要建築タイプが，パラッツォである．パラッツォは英語のパレス(宮殿)に相当するイタリア語であるが，為政者もしくは富裕層の邸宅であると同時に，市政運営の庁舎やオフィスとして用いられたものである．これは，たいてい市街地にあり，郊外にあるものはヴィラと呼ばれる．パラッツォは中庭(コルティーレ)をもつものが多く，各部屋へはこの中庭からアプローチするから，道路側はこの中庭に入る入口だけを設けた閉鎖的なファサードを呈する．たいていは3階建てで，1階は粗い石積み(ルスティカ)による要塞的な仕上げとなり，上階にいくにつれて滑らかな仕上げとなることが多い．そして頂部は，コーニス(軒蛇腹)が強く張り出して明確な終わりの表現をとる．このパラッツォは近代のオフィスビルの祖型となったもので，最初期のオフィスビルはパラッツォの中間階を延ばしただけとみなされるのである．その意味で建築史的に重要である．

■**初期ルネサンス**

ブルネッレスキで始まったルネサンスは，ミケロッツォ・ディ・バルトロメオ(Michelozzo di Bartolomeo, 1391-1472, ミケロッツォ・ミケロッツィとも呼ばれる)やレオン・バッティスタ・アルベルティ(Leon Battista Alberti, 1407-1472)に受け継がれていく．ミケロッツォは，今日の組織事務所のような設計事務所を主宰し，多くの建物を設計しているが，その代表作はパラッツォ・メディチ(後にリッカルディ邸となったので，現在はパラッツォ・メディチ・リッカルディと呼ばれる．1444～1472年)である(図3-5)．アルベルティはいわゆる「万能の人」の1人で，マントヴァのサン・タンドレア聖堂(1471～1512年)などを残しているが，むしろ絵画・彫刻・法律・歴史などに関する著作家としてのほうが名高い(図3-6)．建築についても体系的かつ理論的で大部な『建築論』(1452年)を書いている．これは，ルネサンス以降次々と書かれるようになる建築書の最初のものであり，しかもそれらが近代語で書かれている

(a) 外観 　　　　　　　　　　　　　(b) 中庭
図3-5　パラッツォ・メディチ（フィレンツェ，1472年）

(b) 内部

(a) 外観
図3-6　サン・タンドレア聖堂
　　　（マントヴァ，イタリア，1512年）

のに対し，ラテン語で書かれており，古代ローマのウィトルウィウスの建築書とその後の建築書とのもやいとしての位置を占める重要な本である．

■盛期ルネサンス

　以上の3人は主にフィレンツェで活動したが，このフィレンツェが中心であった時期のルネサンスを初期ルネサンスと

呼ぶ．その後，およそ1500年頃から中心がローマへ移るのであるが，ローマを中心とした時期のルネサンスを盛期(高期)ルネサンスと呼ぶ．その盛期ルネサンスを代表する建築家がドナト・ブラマンテ（Donato Bramante, 1444?-1514）である．ブラマンテはミラノで活動した後，ローマへ移ったが，彼の代表作がローマのサン・ピエトロ・イン・モントリオ修道院教会堂の中にあるテンピエット（1502～1510年）である（図3-7）．これは規模としては小さな礼拝堂であるが，同時代からすでに完璧な作品として評価されており，ルネサンスの頂点を示す建築とされる．

ルネサンスは古代の再生の名を借りてはいるものの実質的には近代的な文化運動であり，ヨーロッパにおいては「近世」という概念がなく，ルネサンス以降は連続的に近代につながっていくから，ルネサンスの歴史的意味はきわめて大きい．建築においても，ルネサンスはそれ以降のおよそ400年間の建築を規定したのである．その造形は明晰で格調が高く，しかも人間的で生気

図3-7　テンピエット（ローマ，イタリア，1510年）

に富んだものとされる．しかし，その反面，ルネサンス以降の400年間は，根本的な構造や設備の発展はなかったとされる．つまり，ルネサンスはひたすら造形的洗練に傾倒したのであり，ルネサンスが「形のための形の建築」と評されるのもそのゆえである．

3.2 マニエリスムの建築

マニエリスムという言葉もルネサンスと同じくフランス語で，当のイタリアでは「マニエリズモ」といい，英語では「マナリズム」という．「マニエリズモ」というイタリア語は，当初は16世紀の絵画における流派の1つを指す蔑称として用いられていたが，1920年代のフランスなどで正当な評価が与えられて定着した．したがって，比較的新しい様式名である．これは「手法」を意味する「マニエール」（イタリア語ではマニエラ，英語ではマナー）からできた言葉で，「手法主義」，つまりは表現すべき内容（コンセプト）よりも，表現の方法を重視する傾向を指す．そのようにいうと，表現内容のことなど考えずにただひたすらテクニックに腐心した技術至上主義的なスタイルのように思われるかもしれない．しかし，コンセプトを異常に重大視したのは近代の特殊性であって，

芸術の歴史は半ば以上は「手法」の歴史であるから，マニエリスムは本質的に芸術的な，あるいは芸術至上主義的なスタイルといってよい．特に，上述のように，ひたすら造形的洗練に傾倒したルネサンス以降の建築の歴史からすれば，まったく正統的なスタイルである．

■マニエリスムの造形的性格

　マニエリスムは表現の仕方に新奇さを出そうとさまざまな工夫をこらしたわけだが，その情熱はオーダーを駆使し完璧な作品に仕立て上げた盛期ルネサンスの建築をゆがませること，ずらせることに向けられた．用いる要素は同じなのだが，その組み合わせとプロポーションを変えたのである．それは，適度と調和，つまりは規則の単純な順守を嫌悪し，創意を求め，不調和とゆがみを目指した．しかし，その差異はわずかであるから，マニエリスムはものを知りすぎた利口な玄人に喜ばれる手の込んだ優美さを示し，一部をみても全体がわからない不規則性を示す．そしてマニエリスムは，その繊細で手の込んだ創意・工夫を盛期ルネサンスの否定としてではなく，もう1つの可能性（オールターナティヴもしくはカウンターカルチャー的）として，反省的かつ自覚的に提示する．その点が，単純に前進的で力動的なバロックと異なる点である．

　その創意・工夫の具体的な方法を示すと，まずさまざまな部材のプロポーションが少し引き伸ばされたような形になる．それで円形は楕円形になる．これは円は中心が1つで静的で安定しているが，楕円は中心が2つあり，一種の不安定感と動きがあるからだともみられる．

　次に，造形要素そのものが変えられる．たとえばペディメントは，下端のコーニスが切断されたブロークン・ペディメントや，上方の斜めのコーニスが切断されたオープン・ペディメントとなる．あるいは，その両方，つまりはコーニスがすべて切断されたものや，さらにはその位置を左右入れ替えたものまで登場する（図3-8）．また一方で，ペディメントを二重・三重に重ねたものが出てくる．ペディメントは，本来開口部の庇（ひさし）としての機能をもっていたのであるが，ルネサンスはこれを壁を生気づかせるための一種のレリーフとして用いたから，その形はどのようにも変え得たのである．

　同様に，ルネサンスのオーダー柱は，構造柱ではなく壁の装飾としての付柱であったから，オーダー柱を壁をえぐって壁の中に設けたり，何らかの突出部を支えるはず

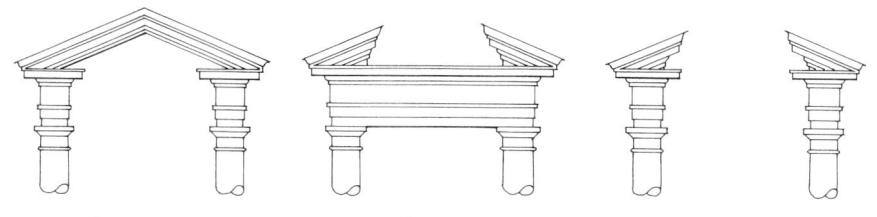

図3-8　ブロークン・ペディメント（左）とオープン・ペディメント（中）
　　　これら，すべてを総称してブロークン・ペディメントということが多い．これは三角ペディメントの例だが，もちろん櫛形ペディメントでも同じ．

のものであった持送りをやはり壁をえぐって壁の中に設けるなどといったことがなされた．あるいはまた，2階・3階の複数の階を通して立つオーダー柱（これを大オーダーという）を考え出したり，付柱を1本ずつ等間隔に配するのではなく，2本ずつにしたり（吹き寄せ柱という），2本と1本を交互にしたり，ときには3本にして，複雑なリズムと動きを生み出したりした．

さらには，切石積みを模したモルタル細工において，各段の切石の成（せい）を一見ランダムともみえるほどに自在に変えたり，ドリス式のエンタブレチュアにみられるトリグリフをフリーズの位置から下げたり，いたずらともみえるほどに自由な手を加えたのである．これらはすべて，上述のように，静的で安定した盛期ルネサンスの造形を動かせようとする造形意欲の産物であった．

■マニエリスムの実例

これらの動きは1520年頃から起こり始め，およそ100年間続いたから，マニエリスムは1520年頃から1620年頃までのスタイルとされる．この終わりの方を切りをよくするために1600年頃として17世紀からはバロックとする見方もある．

さて，そのマニエリスムの初めに大きく関わっているのがミケランジェロ・ブオナロッティ（Michelangelo Buonarroti, 1475-1564）である．彼はそもそも彫刻家であるが，絵も描き，そして建築も手がけるようになる．彼の最初の建築作品がフィレンツェのサン・ロレンツォ聖堂内にあるメディチ家礼拝堂（1521～1534年）であり，その起工が1521年なのである（図3-9）．したがって，マニエリスムをミケランジェロか

図3-9　メディチ家礼拝堂
（フィレンツェ，イタリア，1534年）

ら16世紀の終わりまでとする考え方もある．彼は，続いて同じくサン・ロレンツォ聖堂内の付属図書室前室（ビブリオテカ・ラウレンツィアーナ，1523～1552年）を設計している（図3-10）．これらは，既存の建物内に設けられたいわばインテリア作品であるが，前者にはブロークン・ペディメント，後者には壁に埋め込まれたオーダー柱や持送りがみられる．

ミケランジェロはさらにローマのカンピドリオ広場（1547～1655年）などを手がけ，最後はサン・ピエトロ大聖堂のドーム（1589年）を設計している（図3-11,12(a),(b)）．サン・ピエトロ大聖堂は，当初ブラマンテの設計で始まったのであるが，結局はミケランジェロの設計で建てられた．両者のプランを見比べると，ルネサンスとマニエリスムの造形感覚の違いがよくわかる（図3-12(c)）．ミケランジェロは，90年近い独身の生涯を，ひたすら彫刻と絵画と建築とそして詩作に捧げた希有の人であり，すでに同時代に「神のごとき人」と評されている．

ミケランジェロのほかのマニエリスムの建築家としては，バルダッサーレ・ペルッツィ（Baldassarre Peruzzi, 1481-1536），

(a) 前室

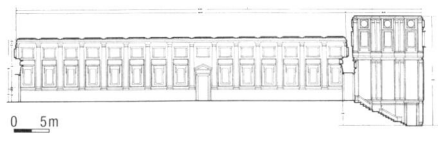

(b) 平面図と断面図
右端のほぼ正方形の部屋が前室で、左の細長い部屋は図書閲覧室

図3-10 サン・ロレンツォ聖堂附属図書室
（フィレンツェ、1552年）

図3-11 カンピドリオ広場、平面図
（ローマ、1547年起工）

(a) ドーム、外観

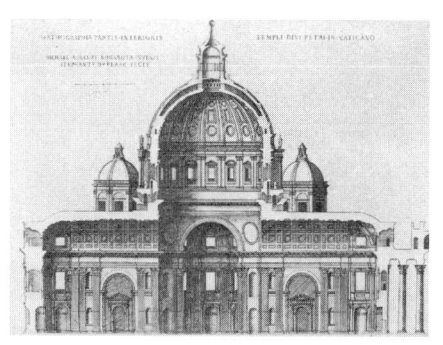

(b) ドーム、断面図

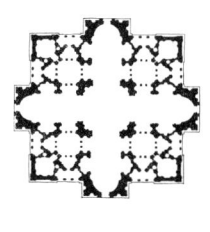

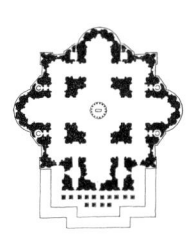

(c) 平面図
左：ブラマンテ案(1506年)、右：ミケランジェロの実施案(1546年)

図3-12 サン・ピエトロ大聖堂（ローマ、1589年）

ジュリオ・ロマーノ(Giulio Romano, 1499?-1546)，ジャコモ・バロッツィ・ダ・ヴィニョーラ(Giacomo Barozzi da Vignola, 1507-1573)，そしてアンドレア・パラーディオ(Andrea Palladio, 1508-1580)があげられる．

ペルッツィの代表作は，曲面のファサードと明確な分節感がなく不思議な雰囲気をもつローマのパラッツォ・マッシーモ(1535年起工．図3-13)である．ジュリオ・ロマーノの代表作は，壁に埋め込まれたペディメントをもつマントヴァの自邸(1544年起工)と，トリグリフがずり落ちているなどマニエリスムの造形感覚が横溢する同じくマントヴァのパラッツォ・デル・テ(1532年起工)(図3-14,15)である．ヴィニョーラの代表作は，イエズス会の本山であるローマのイル・ジェズ聖堂(1568〜1584年)で，

図3-14 ジュリオ・ロマーノ自邸
(マントヴァ，イタリア，1544年起工)

(a) 中庭

(b) 細部
トリグリフがずり落ち，煉瓦造にスタッコを塗って石造に見せかけているが，その成はバラバラで，水平に目地が通らない．

図3-13 パラッツォ・マッシーモ
(ローマ，1535年起工)

図3-15 パラッツォ・デル・テ
(マントヴァ，1532年起工)

3.2 マニエリスムの建築

図3-16 イル・ジェズ聖堂（ローマ、1584年）

図3-17 パラッツォ・キエリカーティ
（ヴィチェンツァ、イタリア、1580年頃）

図3-18 テアトロ・オリンピコ
（ヴィチェンツァ、1580年頃）

図3-19 ヴィラ・カプラ
（ヴィチェンツァ近郊、1567年起工）

そこには二重に重ねられたペディメントや吹き寄せの付柱がみられる(図3-16)．そしてパラーディオであるが，彼はヴィチェンツァとヴェネチアというヴェネト地方で活躍した建築家で，ヴィチェンツァのパラッツォ・キエリカーティ(1580年頃)，テアトロ・オリンピコ(1580年頃)，ヴィチェンツァ近郊のヴィラ・カプラ(ロトンダ，1567年起工)など，たくさんの作品を残している(図3-17,18,19)．彼は後世の西洋，特にイギリスとアメリカに最も大きな影響を与えた建築家とされるが，その影響力の主たる源泉は彼の4巻からなる著書『建築四書』である．そこにはそれまでなかった正確な寸法を記入した多量の図版が掲載されており，その著書はルネサンス以降のイタリア建築のヨーロッパへの波及に大きく貢献している．また，彼はその著書に自作も掲載しており，さまざまな意味で近代的な感覚をもった先駆的な建築家であった．

3.3 バロックの建築

バロックという言葉は，ゆがんだいびつな真珠を意味するポルトガル語の「バロッコ」に由来するとされる．かつては，なにかわけのわからないごちゃごちゃしたものというニュアンスが伴い，本来は蔑称であったわけだが，それは様式名が端正できちんとしたルネサンスをよしとする時代につくられたからにすぎない．ゴシックも本来は「ゴート族の」という意味であり，「ゴート族のように野蛮な」という意味が伴っていたのである．しかし現在では，次節で述べるように，バロックはイタリアという特定の地域の特定の時代の様式名であることを超えて，シンプルなものの対極を示す一般的な概念ともなっている．

■バロックの造形的特色

さて，バロックはマニエリスムのあと，1600年頃から18世紀の前半までのおよそ150年間に行われたスタイルであるが，この時代はローマ法王庁の勢力が拡大した時代であった．北方のヨーロッパでは宗教改革がすでに起こっていたが，カトリックはイエズス会などを中心にそれに対する活発な対抗活動（反宗教改革あるいは反動宗教改革という）を行うに至る．この時代はまた，大航海の時代であり，カトリックもそれに乗って地球的な普及活動を開始する．したがって，中南米やアジアの最初期の教会堂建築はみなバロックである．

バロックは，こうした激動期に応じる激しい造形を希求したのであり，その豪華絢爛の造形がカトリックの波及に大きく寄与したことは間違いない．要するにバロックは，豪華・豊麗・誇大などと表されるような動的で祝祭的で幻想的な造形，人の感覚を麻痺させるような乱れ飛び激突する激しい造形を自在に展開したのである．その造形手法はきわめて技巧的であるが，具体的な手法はたいていマニエリスム期にすでに出現していた．マニエリスム期においてはいまだ反省的・抑制的に用いられていたそれらが，反宗教改革とか世界布教とかの目標に奉仕させられるために，いわば進軍ラッパとともにまったくあからさまに用いられたにすぎないともいえる．

しかし，バロックが生み出し，後の建築に影響を及ぼした成果もいくつかある．1つは，採光の工夫によって非日常的で幻想的な空間をつくり出したことである．たとえば，祭壇の背後から採光することによって祭壇に強い明暗のコントラストを与えて神秘性を増したり，採光の場所とパースペクティヴの原理とを併用して距離感を増やしたり，荘厳さを加えたりするなどである．次に空間の流動性をつくりだしたことである．この空間の流動性は，内部では階段の巧みな表現によって上下階が連続的にされたり，外部では壁がうねるように連続したり，あるいは庭園の巧みな配置によって内外空間の流動性が生み出されたりしている．さらには，らせん柱（トゥイスティド・コラム）の多用による運動感の導入も空間の流動性にかかわるであろう．そして，都市計画と造園における貢献である．バロックは都市を1つの劇場のように扱い，要所要所にモニュメントを配するなどして都市を

3.3 バロックの建築

高度に視覚的なものにしているし,噴水・植栽それに洞窟(グロッタ)などを駆使した壮大な庭園を生み出したのである.

■**バロックの建築家**

バロックを代表する建築家は,ジョヴァンニ・ロレンツォ・ベルニーニ(Giovanni Lorenzo Bernini, 1598-1680)とフランチェスコ・ボッロミーニ(Francesco Borromini, 1599-1667)である.ベルニーニは最後の「万能の人」で,建築・彫刻・絵画の総合を目指した.主としてローマ法王庁を施主として,いくつもの大きな仕事に関わった同時代のスーパースターであった.建築作品としては,サン・ピエトロ大聖堂前面の楕円形広場のコロネード(1656～1667年),同じくサン・ピエトロ大聖堂のわきからヴァチカン宮殿へのアプローチであるスカラ・レジア(「主階段」という意味,1663～1666年),ローマのパラッツォ・キジ・オデスカルキ(1664年起工)などを残している(図3-20,21,22).ちなみに,サン・ピエトロ大聖堂のドームを含む中枢部分は先述のように主にミケランジェロの作品であるが,これを前方へ伸ばして正面をつくったのがカルロ・マデルノ(Carlo Maderno, 1556頃-1629)であり,その前面のコロネード

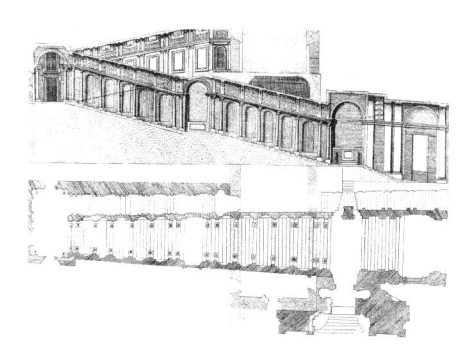

図3-21 スカラ・レジア,平面図(下)と断面図(上)
(ローマ,イタリア,1663～1666年)
階段が先細りになっており,実際よりも遠く感じる.また採光は奥と中間の2カ所のみであり,幻想性が増す.

図3-22 スカラ・レジア

図3-20 サン・ピエトロ大聖堂,コロネード
(1656～1667年)

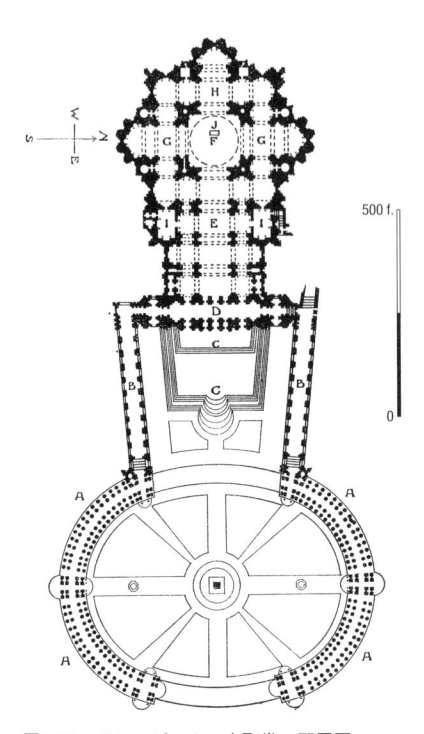

78──第3章　ルネサンス以降のイタリア建築の展開

図3-23　サン・ピエトロ大聖堂，配置図

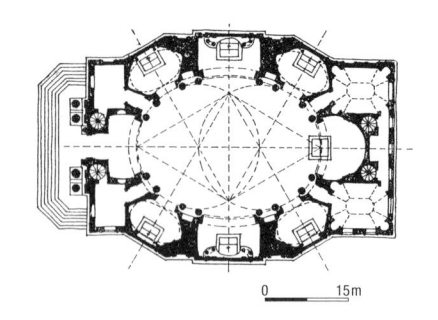

(a)　平面図

(b)　外　観

(c)　内　部

図3-24　サン・カルロ・アッレ・クワトロ・フォンターネ聖堂（ローマ，1638年起工）

がベルニーニの仕事ということになる（図3-23）．なお，サン・ピエトロ大聖堂の祭壇飾りとバルダッキーノ（天蓋）もベルニーニの作品である．

一方のボッロミーニは施主に恵まれず，財政的に貧しい僧団の教会堂しか手がけていない．しかし，今日ではバロック建築の精髄を体現した建築家とみなされている．代表作は，いずれも小規模な作品であるが，ローマのサン・カルロ・アッレ・クワトロ・フォンターネ（「４つの噴水のある角の聖カルロ聖堂」の意味，1638年起工）とサン・ティーヴォ・デッラ・サピエンツァ（1642～1650年）（図3-24,25）である．実は，ローマ法王インノチェント10世が，その前

図3-25 サン・ティーヴォ・デッラ・サピエンツァ聖堂
（ローマ，1642〜1650年）

図3-26 サン・タニェーゼ聖堂
（ローマ，1653〜1655年）

図3-27 ナヴォナ広場の噴水とサン・タニェーゼ聖堂
サン・タニェーゼ聖堂のほうを向いた河川の神の像が左手を上げているのは，聖堂が倒れてくるのを防ぐことを意味しているという話がつくられた．

任者ウルバヌス7世とベルニーニの癒着を嫌ってボッロミーニを起用しようとしたことがあった．その1つがナヴォナ広場のサン・タニェーゼ聖堂（1653〜1655年）であり，これはボッロミーニにとっては最も大規模な仕事であったが，その妥協を拒む融通のきかない性格のゆえか，途中で退けられている（内部とファサードの途中までが彼の作品．図3-26）．彼は，建築家にしては珍しく自死している．

なお，ナヴォナ広場の中央，サン・タニエーゼ聖堂の前にある四大河川の神の彫像をあしらった噴水はベルニーニの作品で，後世，この2つの作品をめぐるベルニーニとボッロミーニのライヴァル物語がつくられている（図3-27）．もう1人，大作はな

いがベルニーニを補助し，ベルニーニ亡き後のローマを代表する建築家となったカルロ・フォンタナ（Carlo Fontana, 1638-1714）をあげておきたい．彼はローマのアカデミア・ディ・サン・ルカ（美術アカデミー．教育も行っていた）に長期間かかわり，彼のもとで建築を学んだ外国人建築家も多く，その影響力は広く大きい．

バロック期の後半には，トリノを中心としたピエモンテ地方にも華やかなバロック建築が盛んに行われた．その中心をなすのが，グァリノ・グァリーニ（Guarino Guarini, 1624-1683）とフィリッポ・ユヴァッラ（Filippo Juvarra, 1678-1736）である．前者の代表作が，いずれもトリノにあるサンティッシーマ・シンドーネ礼拝堂（1667～1690年）とサン・ロレンツォ聖堂（1668～1687年）とパラッツォ・カリニャーノ（1679年起工）（図3-28,29,30）．後者の代表作が，トリノのパラッツォ・マダマ（1718～1721年）と，トリノ郊外の修道院教会堂スペルガ（1717～1731年）とパラッツィーナ・ディ・ストゥピニージ（1729～1733年）である（図3-31,32,33）．

図3-29　サン・ロレンツォ聖堂
（トリノ，1668～1687年）

図3-28　サン・ティッシーマ・シンドーネ礼拝堂
（トリノ，イタリア，1667～1690年）

図3-30　パラッツォ・カリニャーノ
（トリノ，1679年起工）

図3-31　パラッツォ・マダマ
（トリノ，1718〜1721年）

図3-32　修道院教会堂スペルガ
（トリノ郊外，1717〜1731年）

図3-33　パラッツィーナ・ディ・ストゥピニージ
（トリノ郊外，1729〜1733年）

3.4　様式変遷のモデルとしてのイタリア近世の建築

　ルネサンスからマニエリスムを経てバロックへといたるイタリアの15世紀から18世紀前半までの建築の歴史は，19世紀末から20世紀初頭にかけて完成された様式史による美術史の主たる研究対象となり，様式の変化の1つのモデルケースとなる．様式史というのは，それまで主流であった作家（建築の場合は建築家）を主体にして，その人となりやエピソードとともに記述する美術史ではなくて，時代の精神の表れとしての様式を主体にして記述しようとするものである．したがって「人名なき美術史」ともいわれる．

　様式とは，ある地域のある時代の美術作品のすべてに刻印された時代精神の表現としての造形的特徴のことで，その地域のその時代に属する，すぐれた作家も凡庸な作家も含むすべての作家が免れない枠組みのようなものである．そうした様式史は，ヤコプ・ブルクハルト（Jacob Burckhardt, 1818-1897）を経て，ハインリッヒ・ヴェルフリン（Heinrich Wölfflin, 1864-1945）とアロイス・リーグル（Alois Riegl, 1858-1905）によって頂点に達した．特に，ヴェルフリンはその主著『美術史の基礎概念』（1915年）において，ルネサンスとバロックを造形様

式の2つの極として論じ，この2つの様式を単にイタリアの近世に関わるものであることから開放して普遍化した．そして，美術史の形式展開には周期性が認められるべきであって，ヨーロッパのいかなる美術様式も自律的に（つまり大きな外的影響を受けないということ）展開する十分な時間を与えられるならば，そのクラシック（ルネサンス）期とバロック期をもつと主張した．これを建築に即して簡単にいえば，ヨーロッパの建築の歴史は，輪郭がはっきりしていて明確な分節感をもつシンプルなものから，輪郭がぼやけてきて分節感がゆらぐゴテゴテしたものへの展開を繰り返しているということである．そして，その1周期の完全なモデルをイタリアの近世建築の歴史的展開にみたのである．

イタリアの近世建築は豊富な建物のサンプルを残し，多くの研究を経てその建物に関する正確なデータを蓄積し，さらには，同時代のたくさんの建築書を出版している．この時代の主だった建築書の著者をあげると，上述のアルベルティから始まって，セバスティアーノ・セルリオ(Sebastiano Serlio, 1475-1555)，ヴィニョーラ，パラーディオを経て，ヴィンチェンツォ・スカモッツィ(Vincenzo Scamozzi, 1548-1616)へと至る．こうした情報の豊富さが，イタリアの近世建築史を格好のモデルとする基盤となった．もし，今日もなお様式のある種の周期性が認められるとすれば，イタリアの近世建築の歴史を研究することによって将来の変化のヒントが得られるであろう．つまり，イタリアの近世建築の歴史は，ヨーロッパひいては人類の建築様式の変化のモデルを提供するものとしても重要なのである．

● **演習問題**

1. ルネサンスがなぜイタリアで起こったかを説明しなさい．
2. ルネサンスと古代ローマの関係について論じなさい．
3. マニエリスムの造形的特徴と，それを推進した精神について述べなさい．
4. バロックの時代背景を説明しなさい．
5. マニエリスムとバロックの相違を述べなさい．
6. ルネサンスからマニエリスムを経てバロックに至るイタリアの近世建築の展開を概略し，その今日的意味について論じなさい．

第4章 イタリア以外のヨーロッパの近世建築

4.1 フランス

　イタリア以外のヨーロッパのルネサンスは，イタリア建築の導入から始まる．したがって，ルネサンスといいつつ，実際はイタリア化であった．それは，西洋以外の「近代化」が，実際は「西洋化」であったことと似ている．イタリア以外の地域へのイタリア建築の導入は，フランスとネーデルラント（現在のオランダ・ベルギー・ルクセンブルグ）とスペインへはおよそ100年遅れ，イギリスとドイツへは200年近くも遅れていたから，各国がイタリア建築を導入した際の同時代のイタリア建築は，マニエリスムやバロックであった．したがって，イタリア以外の地域には真の意味のルネサンス建築はない．

■近世初期のフランス

　フランスは，上述のように比較的早くイタリア建築を導入した国である．その契機となったのが，15世紀末から16世紀初めにかけての2度のイタリア侵攻である．そこで接したパラッツォ建築の格段にすぐれた居住性に学んだのである．したがって，フランスのルネサンスは城館（シャトー）にまず導入された．それまでの城館は防備性の強い殺伐としたものだったのである．ブロワ（1515〜1525年），アゼ・ル・リドー（1518〜1525年），シュノンソー（1515〜1581年），シャンボール（1519年起工），フォンテーヌブロー（1530年頃起工）の各城館がその代表的なものである（図4-1,2,3,4,5）．

　イタリア建築の導入は，当初は主にイタリア人の建築家の招聘によって行われた．セルリオ，ドメニコ・ダ・コルトナ（Domenico da Cortona, 1470?-1540?），フラ・ジョコンド（Fra Giovanni Giocondo, 1433-1515），それにレオナルド・ダ・ヴィンチ（フランスで客死），画家イル・ロッソなどがフランスに招かれて，これらの城館のいくつかに関わっている．それと同時に，フランス人がイタリアへ行って学ぶようになる．フィリベール・ドロルム（Philibert Delorme, 1510頃-1570）とジャン・ビュラン（Jean Bullant, 1515頃-1578）がそうであるし，ピエール・レスコー（Pierre Lescot,

1510頃-1578)も，確実ではないにしてもイタリアへ行った可能性が高いとされている．そのようなイタリアで学んだ建築家たちによってフランス近世の建築はつくられていくわけであるが，このフランス人建築家のイタリア留学という慣習は，後に国家によって制度化され，その制度は20世紀の後半まで，延々と続くことになる．

さて，ルネサンス最初期のフランス人建築家の代表が先述のドロルムとレスコーである．ドロルムは，シュノンソーとフォンテーヌブローの城館の一部とアネの城館

図4-1 ブロワの城館，フランソワ1世の翼屋
（フランス，1515～1525年）

図4-4 シャンボールの城館
（フランス，1519年起工）

図4-2 アゼ・ル・リドーの城館
（フランス，1518～1525年）

図4-5 フォンテーヌブローの城館，フランソワ1世のギャラリー
（フランス，1530年頃起工）

図4-3 シュノンソーの城館
（フランス，1515～1581年）

図4-6 アネの城館（フランス，1547～1552年）

(1547〜1552年)に関わっているが，またフランスの最初期の大部な建築書の著者でもある(図4-6)．レスコーは，今日のルーヴル宮で最も古い部分，中庭の西南隅の部分(1546年頃起工)を設計している(図4-7(a))．

ルーヴル宮は，中世の城(現在，その基礎部分がみられるようになっている)を取り壊して建てられたもので，16世紀半ばのレスコーの設計による部分から始まって，19世紀末まで(あるいは「グラン・プロジェ」の一貫として建てられたガラスのピラミッドと逆ピラミッドを含めれば現代まで)槌音の絶えない永遠の建設現場といわれる(図4-7(b))．したがって，各時代の代表的な建築家がそれぞれに関わっており，各時代の建物が積層するフランス近世建

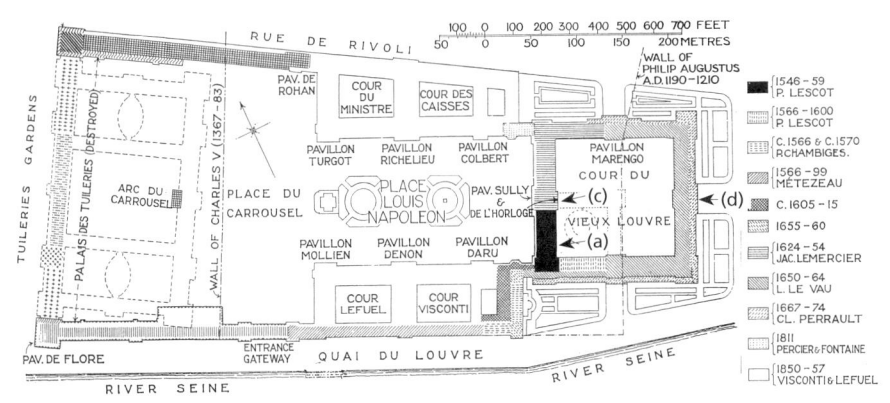

(a) 中庭西南隅

(b) 配置図
黒く塗られた部分から始まって白い部分に至るまで，それぞれの棟の建設年代が右端に示されている．

(c) 時計のパヴィリオン(1624〜1625年)

(d) 東側ファサード(1667〜1674年)

図4-7　ルーヴル宮(パリ，フランス，1546年頃起工)

築史の縮図と目されるものである．たとえば，「時計のパヴィリオン」と呼ばれる部分(1624～1625年)は，ジャック・ルメルシエ(Jacques Lemercier, 1582頃-1654)の作品であり（ルメルシエはほかにソルボンヌの教会堂(1635～1642年)も設計），大オーダーの壮大なコロネード（列柱廊）をもつ東側ファサード(1667～1674年)はクロード・ペロー(Claude Perrault, 1613-1688)を中心として設計された(図4-7(c),(d))．

この17世紀半ばの東側ファサードの設計は，当初イタリア・バロックを代表する建築家ベルニーニに依頼するために彼を招聘するのだが，結局彼の案を採用せずに終わる．これは，フランスが建築的にイタリアと肩を並べたと意識した一種の象徴的な出来事だとみなされる．つまり，イタリアの建築を導入してから，それをフランス独自のものにするまでにおよそ1世紀半を要したたということになる．

■**フランスの成熟**

近世のフランスの建築を真にフランス的なものにするために大きな働きをした建築家が，フランソワ・マンサール(François Mansart, 1598-1666)である．その代表作がブロワの城館のオルレアン公の翼屋(1635～1638年)と，パリ近郊メゾンの邸館(現在はシャトー・メゾン・ラフィットという．1642～1646年)である(図4-8,9)．彼は完璧主義者で作品は多くないが，中央と左右両端が突出したプラン，腰折れ屋根，十字形の方立てをもつ階高一杯の縦長の窓列など，彼の作品にみられる特徴は，フランス近世建築の一種の典型とみなされるようになる．ちなみに，腰折れ屋根は今日マンサード屋根と呼ばれるが，これは彼の名をとったものである．実際はこの型の屋根の創始者ではないにもかかわらず，屋根の名に名前がとどめられていることに，彼の影響の大きさがわかる．

フランス近世建築史においてルーヴル宮と双璧をなす建物がヴェルサイユ宮(1624年起工)である．ここにもまた，17世紀前半から18世紀末までの各時代の遺構が集積しており，このおよそ2世紀間に活躍した主要な建築家がみな関わっている．今日のヴェルサイユ宮の中核をなす最初期の部分(1661～1665年)は，ルイ・ル・ヴォー(Louis Le Vau, 1612-1670)の設計になるもので，そのほとんど無限に続くかとも思われる広

図4-8　ブロワの城館，オルレアン公の翼屋
　　　（フランス，1635～1638年）

図4-9　メゾンの邸館
　　　（パリ近郊，フランス，1642～1646年）

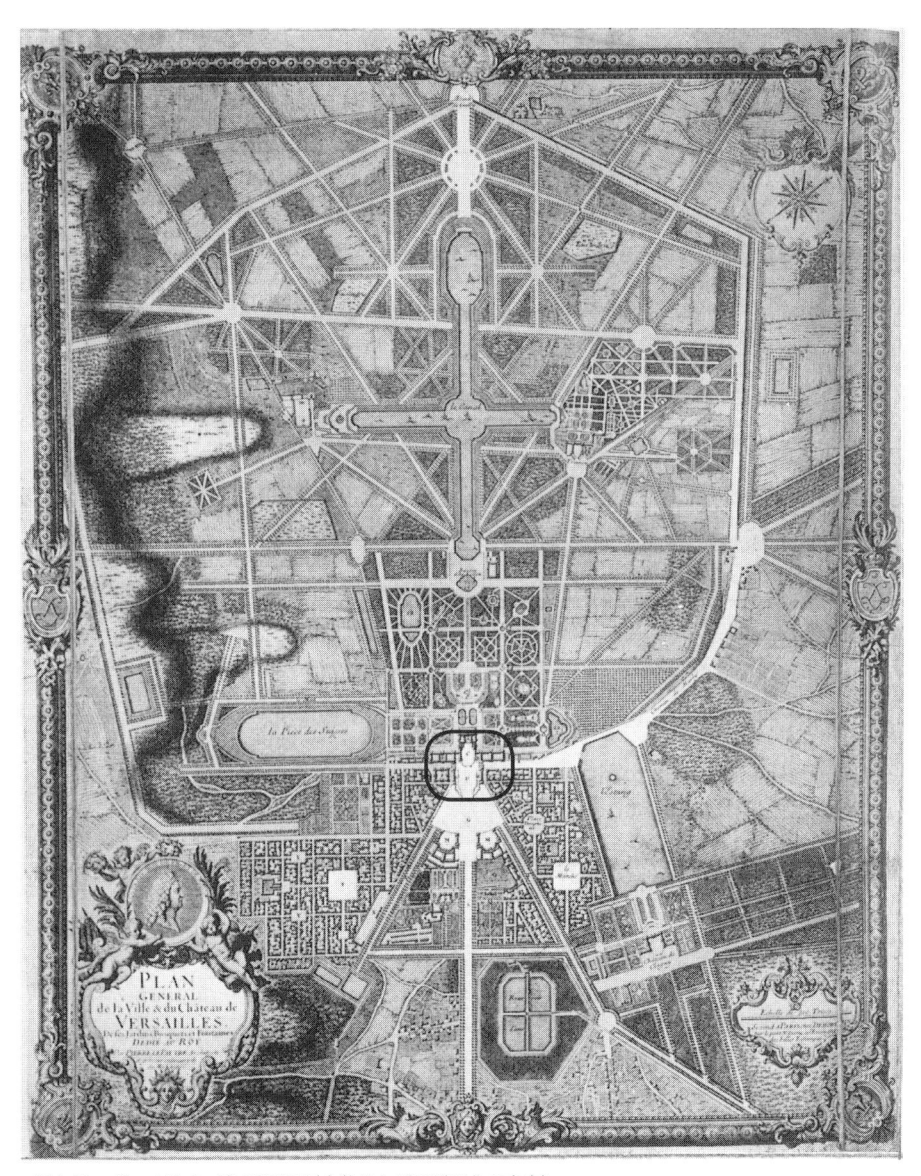

図4-10 ヴェルサイユ宮の配置図（方位は上がほぼ西北の方向）

大な幾何学式庭園の設計は,アンドレ・ル・ノートル(André Le Nôtre, 1613-1700)の設計になるものである(図4-10,11).また主として内装であるが,画家シャルル・ル・ブラン(Charles Le Brun, 1619-1690)の関与も大きい.実際はこれよりも先に,この3人によりヴォー・ル・ヴィコントの邸館(1657～1661年)ができあがっており,ヴェルサイユ宮はそれを拡大したものともみなされる(図4-12).

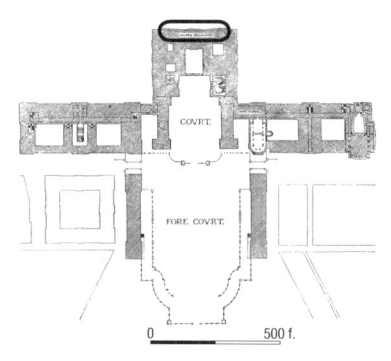

しかし,ヴェルサイユはその後も増改築を重ね,ヴォー・ル・ヴィコントをはるかに超える複合的なモニュメントになっていく.これに関わった主だった建築家の名をあげると,ジュール・アルドアン=マンサール(Jules Hardouin-Mansart, 1646-1708,フランソワ・マンサールは大叔父に当る)が「鏡の間」(1678～1688年,その長さは70mに及ぶ),「礼拝堂」(1699～1710年),「グラン・トリアノン」(1687年)などを設計し,アンジュ・ジャック・ガブリエル(Ange Jacques Gabriel, 1698-1782)が「オ

(a) 城館平面図
図4.10で◯印でマークした部分がこの図(a).この図の◯印で記した細長い部屋が「鏡の間」で,その長さが70mある.

(b) 中心部

(c) 城館,庭園側ファサード

図4-11 ヴェルサイユ宮Ⅰ(フランス,1624年起工)

(a) 庭園を含む全景

(b) 邸館の外観

図4-12 ヴォー・ル・ヴィコントの邸館(フランス,1657～1661年)

(a) 鏡の間（1675〜1688年）

(b) 礼拝堂（1699〜1710年）

(c) グラン・トリアノン（1687年）

(d) オペラ劇場（1753〜1770年）

(e) プティ・トリアノン（1762〜1784年）

(f) アモー（1782〜1786年）

図4-13　ヴェルサイユ宮Ⅱ

ペラ劇場」(1753〜1770年),「プティ・トリアノン」(1762〜1784年)などを設計している(図4-13(a)〜(e)).なお,「トリアノン」というのは,もともとのここの集落の名前であり,それが建物の名前に転用された.後のマリー・アントワネットの時代にここの池の周りに田舎屋をいくつか並べてヴェルサイユとしては異色の牧歌的な集落(アモー,1782〜1786年)がつくられている(図4-13(f)).これはフランスにおけるピクチュアレスク(5.2節参照)の早い時期の出現の例とみなされるもので,リシャール・ミーク(Richard Mique, 1728-1794)の設計になるものである.ヴェルサイユ宮は近世フランス文化を象徴するものとなり,ヨーロッパ各国の王宮や宮殿の建築に大きな影響を及ぼしていくことになる.

そのほかの主だったフランス近世の遺構をあげると,フランスのドーム建築を代表するアンヴァリッド(1680〜1735年)は,先述のアルドアン=マンサールの設計である(図4-14).もう1つの巨大なドームをもつパンテオン(当初はサント・ジュヌヴィエーヴ聖堂,1755〜1792年)はジャック=ジェルマン・スフロ(Jacques-Germain Soufflot, 1713-1780)の設計(図4-15).そして,ルーヴル宮東側ファサードと双璧をなす大オーダーのコロネードをもつ2つのペアの建物を据えたコンコルド広場(当初はルイ15世広場,1753〜1775年)は,やはり先述のガブリエルの設計になるものである(図4-16).

近世フランスの建築史におけるもう1つの重要な事実は,それまでの徒弟制度的な中での建築の修得の仕方に代えて,建築の体系的な教育制度を確立したことである.1671年に建築アカデミーが設けられ,そこで建築の講義が行われるようになる.たしかにアカデミーの創設も,そこでの教育もイタリアが先駆けるが,教育を制度的に体

図4-14　アンヴァリッド(パリ,1680〜1735年)

図4-15　パンテオン(パリ,1755〜1792年)

図4-16　コンコルド広場（パリ，1753〜1775年）

系化したのはフランスが先行する．1717年からは講義は定期的なものになり，1720年からは毎年1人を選んでローマへ留学させるようになる．留学といってもイタリアの教育機関や研究機関に行ったのではなく，フランス・アカデミーのローマ支部へ行って，古代や中世の建物の現物を調査したのである．

アカデミーの教育セクションは1819年にはエコール・デ・ボザール（美術学校の意，略してボザールという）という名称となって教育機関としての体裁を整え，これが1968年まで続くことになる．この間，エコール・デ・ボザールとその前身の教育機関は世界の建築教育の頂点をなし，世界中から多くの留学生を集めた．そこでは，墨入れをして彩色した，ときには畳何枚分もあるような大きな図面を描くことに収斂するきわめて絵画的な訓練が行われた．また，各時期の体系的な講義録が大部な本として次々に出版された．17世紀のフランソワ・ブロンデル（François Blondel, 1618-1686），18世紀のジャック゠フランソワ・ブロンデル（Jacques-François Blondel, 1705-1774）の講義録がその代表である．ボザールの体系だった教育は，20世紀初頭に近代運動が起こって批判されるまで世界中の建築に大きな影響を及ぼしたのである．

4.2　ネーデルラントとスペイン

■ネーデルラント

前節で述べたように，ネーデルラントとスペインもフランスと同じく比較的早くイタリアの建築文化が導入された．まず，ネーデルラントであるが，この国にイタリアのルネサンスを導入したのが，コルネリス・フロリス（Cornelis Floris 1514-1575）であり，その代表作がアントワープ（現在はベルギーの都市，オランダ語ではアントウェルペン，フランス語ではアンヴェールという）の市庁舎（1561〜1565年）である（図4-17）．フロリスはイタリアへ行って研究しているが，この市庁舎は反り屋根をもつなど，真にイタリア的な建築とはいい難く，なおゴシック的な装飾要素を残している．続くリーフェン・ド・ケイ（Lieven de Key, 1560?-1627）のレイデン市庁舎（1597〜1603年）もまた，オーダー柱やペディメントを駆使しながらも，中世的な要素を残している（図4-18）．なお，この建物の正面に，ペディメントを頂部にもち，3層にわたって左右の脇のスクロール部分に皮ひも細工（ストラップワーク）を組み合わせたような装飾がみられるが，こうした賑やかな装飾を伴った破風を「オランダ破風」と呼ぶ（図4-19）．これはネーデルラントやドイ

ツの初期の近世建築によくみられるもので，この時期の建築の1つの特徴となっている．

ネーデルラントに，より本格的にイタリア的な建築をもたらしたのは，ヤコプ・ファン・カンペン（Jacob van Campen, 1595-1657）である．おそらく彼もイタリアへ行っていると推測されているが，スカモッツィやパラーディオを研究して，デン・ハーフ（ハーグ）のマウリッツハイス（マウリッツ邸，1633〜1635年）や，アムステルダム市庁舎（現在は王宮，1648〜1665年）を設計している（**図4-20,21**）．マウリッツハイスは，イタリアのパラッツォ建築の真髄を導入したオランダの古典主義建築の代表作とされるが，屋根はやはり反り屋根である．なお，マウリッツハイスの実施設計にはピーテル・ポスト（Pieter Post, 1608-1669）も関与している．ポストはファン・カンペンの弟子・補佐役から建築家としてのキャリアを始め，後にマーストリヒトの市庁舎（1656〜1664年）などを設計している．ネーデルラントは16世紀末に連邦共和国を形成し，17世紀を通じて諸産業の発展と盛んな貿易によって豊かな国をつくりあげたが，大規模でモニュメンタルな建築をそれほど多くは残していない．

図4-17　アントワープ市庁舎（ベルギー，1561〜1565年）

図4-18　レイデン市庁舎（オランダ，1597〜1603年）

図4-19　オランダ破風，アッシャフェンブルクの城館の例（ドイツ，1608〜1614年）

図4-20 マウリッツハイス（デン・ハーフ、オランダ、1633～1635年）

図4-21 アムステルダム市庁舎（オランダ、1648～1665年）

図4-22 カルロス5世宮（グラナダ、スペイン、1527～1568年）

図4-23 エル・エスコリアル（マドリード郊外、スペイン、1562～1582年）

■スペイン

　スペインは中世を通じてイスラム勢力が残り，キリスト教徒による長期間のイスラム排除運動（キリスト教側からは失地の回復を意味する「レコンキスタ」と呼ばれる）があり，1492年のグラナダ侵攻によってそれが終わりを告げる．これと前後して，イタリアの建築文化がスペインに導入されるが，その代表的な例がグラナダのカルロス5世宮（1527～1568年）と，マドリード郊外の修道院エル・エスコリアル（1562～1582年）である（図4-22, 23）．前者は，イタリアで画家として仕事をしてスペインに戻ったペドロ・マチュカ（Pedro Machuca, 1485?-1550）の作品である．後者はホアン・バティスタ・デ・トレド（Juan Batista de Toledo, 生年不明-1567）が始めて，ホアン・デ・エレーラ（Juan de Herrera, 1530-1597, 16世紀のスペインを代表する建築家）に引き継がれている．トレドはローマで建築家として働いており，エレーラは兵隊として

ではあるが，イタリアへ行っている．

しかし，むしろこの時期のスペイン建築を特徴づけるのは，イタリアから導入したオーダー柱などの造形に加えて，中世的な伝統を引き継ぐ複雑な装飾的細部をファサードに施した「プラテレスコ」(銀細工のようなという意味) と呼ばれるスタイルの建築である．その代表的な例が，サラマンカ大学(1514〜1529年)，セヴィリャ市庁舎(1527〜1564年)，アルカラ・デ・エナレス大学 (1537〜1753年)，それにグラナダ大聖堂である(1528〜1703年，図4-24,25,26)．そこには，石材とは信じ難いほど精巧な装飾で埋めつくされた壁面がみられる．なお，グラナダ大聖堂は，やはりイタリアで修業した建築家ディエゴ・デ・シロエ(Diego de Siloe, 1495頃-1563)の作品である．

この「プラテレスコ」様式の装飾豊かな傾向はずっと存続し，18世紀には大輪のスペイン・バロック建築を開花させるにいたる．

この時期のスペイン・バロックは，当時

図4-25 セヴィリャ市庁舎
　　　 (スペイン，1527〜1564年)

図4-24 サラマンカ大学
　　　 (スペイン，1514〜1529年)

図4-26 アルカラ・デ・エナレス大学
　　　 (スペイン，1537〜1753年)

を代表する建築家一族の名をとって「チュリゲラ様式」とも呼ばれる．チュリゲラ一族はもともと教会堂の祭壇をつくる職人であったが，その最盛期は，ホセ・ベニト・デ・チュリゲラ(José Benito de Churriguera, 1665-1725)，ホアキン・デ・チュリゲラ(Joaquin de Churriguera, 1674-1724)，アルベルト・デ・チュリゲラ(Alberto de Churriguera, 1676-1740頃)の3兄弟を擁した時期である．彼らの祭壇の代表作が，サラマンカのサン・エステバン聖堂(1692～1694年)である(図4-27)．また，彼らはヌエヴォ・バスタンという新都市を設計し，宮殿・広場・教会堂などの諸施設を建てている．

しかし，実際にスペイン・バロックを代表するのはチュリゲラ一族の仕事ではない．それは，ナルシソ・トメ(Narciso Tomé, 1690頃-1742)のトレド大聖堂の祭壇の1つ「トランスパレンテ」(1721～1732年)，フランシスコ・ウルタド(Francisco Hurtado, 1669-1725)の基本設計にしたがって建てられたグラナダのカルトハ(カルトジオ会修道院)の聖具室(1730～1747年，内装はウルタドの死後の施工になるもので，ルイス・デ・アレヴァロとフランシスコ・マヌエル・ヴァスケスの名が設計に関わった人としてあげられている)，ペドロ・デ・リベラ(Pedro de Ribera, 1683頃-1742)のマドリードのオスピシオ・デ・サン・フェルナンド(1722年)，そしてフェルナンド・デ・カサス(Fernando de Casas, 1711以前-1794)のサンチャゴ・デ・コンポステーラ大聖

図4-27 サン・エステバン聖堂(サラマンカ，スペイン，1692～1694年)

図4-28 トレド大聖堂，トランスパレンテ，(スペイン，1721～1732年)

図4-29　カルトハの聖具室
　　　（グラナダ，1730〜1747年）

堂のファサード（1738〜1749年）などである（図4-28,29,30）．こうした作品において，スペインは装飾的造形で空間を埋め尽くすバロックの1つの極限をつくりあげたのである．このような極端なスペイン・バロックではないが，この時代のスペイン最大のモニュメントがマドリードの王宮（1738〜1764年）であり，これはトリノのフィリッポ・ユヴァッラと，その弟子ジョヴァンニ・バッティスタ・サケッティ（Giovanni Battista Sacchetti, 1700-1764）というイタリア人建築家の作品である（図4-31）．

　スペインがバロックにおいてその独自性を発揮したのと同じく，ポルトガルの近世建築もまた，極度に装飾的なバロックの建築に特色をもつ．それは，ゴシック末期のきわめて装飾的なスタイルがそのままバロックへ移行した感も与える．その中世末から近世初期にかけての装飾的なスタイルを，当時の王マヌエル1世の名をとって「マヌ

図4-30　サンチャゴ・デ・コンポステーラ大聖堂，ファサード（スペイン，1738〜1749年）
この大聖堂は，中世を通じて最大の巡礼目標であったから，ロマネスク以来の各時代の遺構がある．

図4-31　マドリードの王宮
　　　（スペイン，1738〜1764年）

エル様式」と呼ぶが，これはスペインにおける「プラテレスコ」と同じ位置を占めるものである．

4.3 ドイツとオーストリア

■イタリア建築の導入

　ドイツはゴシックが長い間存続し，イタリア建築の導入は遅い．そして，スペインと同様に極度に装飾的なバロックを発展させたから，装飾性が豊かな末期ゴシックが，そのままバロックへ流れ込んだ感をも与える．とはいいつつ，ルネサンスがなかったわけではない．北部はネーデルラントとの関わりを通じて，南部はヴェネチアとの交流を通して，イタリアの建築が導入されている．その代表例がハイデルベルクの城館（1556〜1607年）とアッシャフェンブルクの城館（1608〜1614年）であるが，前者はゴシック的な要素をとどめており，後者には「オランダ破風」がみられる（図4-32, 33, 図4-19参照）．建てたのも建築家というよりも工匠であり，むしろ施主のほうがイタリアの建築にくわしかった．

　よりイタリア的なのは，ミュンヘンのザンクト・ミヒャエル聖堂（1582〜1597年）であるが，これはローマを本拠とするイエズス会の教会堂である．そうした工匠の中からイタリアを訪れて学び，建築家となる人も現れてくる．エリアス・ホル（Elias Holl, 1573-1646）とヤコプ・ヴォルフ（Jacob Wolff, 1571-1620）がその代表であるが，時代はすでに17世紀であり，イタリアはバロックの時代に入っていた．ホルは代々の石工の家の出身であり，ヴォルフは同姓同名

図4-32　ハイデルベルクの城館
　　　　　（ドイツ，1556〜1607年）

図4-33　アッシャフェンブルクの城館
　　　　　（ドイツ，1608〜1614年）

図4-34　アウグスブルク市庁舎
　　　　　（ドイツ，1610〜1620年）

の父親(1546頃-1612)も石工である．ホルの代表作がアウグスブルクの市庁舎(1610～1620年)，ヴォルフの代表作がニュルンベルクの市庁舎(1616～1622年，第2次世界大戦で損壊を受け，戦後再建)である(図4-34,35)．

■華麗な18世紀バロック

18世紀に入ると，ドイツとオーストリアにすぐれた建築家が輩出し，華麗なバロックが展開する．それはバロック的な造形効果を極端にまで追求したものであり，イタリアにおいてはおそらくは規範としての古代ローマやルネサンスの存在ゆえに一種の抑制があったバロックが，ドイツではまったく奔放に展開されている．同時にまた，この時期のドイツはフランスからも影響を受けており，双方のバロックあるいはロココ(ロココについては4.6節参照)が流れ込んで異様ともみえる展開をするのである．

そのいくつかの例をあげると，まずヨハン・ベルンハルト・フィッシャー・フォン・エルラッハ(Johann Bernhard Fischer

図4-35　ニュルンベルク市庁舎（ドイツ，1616～1622年）

図4-36　カールスキルヒェ（ウィーン，オーストリア，1716～1737年）

図4-37　シェーンブルン宮（ウィーン，1696～1711年）

von Erlach, 1656-1723)によるウィーンのカールスキルヒェ（聖カルロ教会堂，1716〜1737年）とシェーンブルン宮（1696〜1711年）(**図4-36,37**)．フィッシャー・フォン・エルラッハはローマで3年間勉強していて，また最初の世界建築史とも目される著書『歴史的建築の構想』(1721年)を出版している．フィッシャー・フォン・エルラッハと並んでウィーン建築界の双璧をなしたのがヨハン・ルーカス・フォン・ヒルデブラント(Johann Lucas von Hildebrandt, 1668-1745)で，その代表作がウィーンのベルヴェデーレ宮(高いところにある上宮「オーベレス・ベルヴェデーレ」1722年と低いところにある下宮「ウンテレス・ベルヴェデーレ」1715年とがあるが両方とも彼の作品)である(**図4-38**)．ヒルデブラントは軍人であった父親の任務の関係でイタリアのジェノヴァで生まれ，28歳までイタリアで過ごし，ジェノヴァとローマで建築の教育を受けており，ローマではカルロ・フォンタナの下で学んでいる．

次に，ヤコプ・プランタウアー(Jacob Prandtauer, 1658-1726)によるメルクのベネディクト会修道院(1702〜1736年)と，マテウス・ダニエル・ペッペルマン(Matthäus Daniel Pöppelmann, 1662-1736)によるドレスデンのツヴィンガー宮(1709〜1722年)(**図4-39,40**)．そしてヨハン・バルタザール・ノイマン(Johann Balthasar Neumann, 1687-1753)によるヴュルツブルクのレジデンツ（君主兼司教の邸館1719〜1744年）とフィアツェーンハイリゲンの巡礼教会堂(1743〜1772年)である(**図4-41,42**)．ノイマンは数ヶ月間パリで建築を研究している．

図4-39　メルクのベネディクト会修道院
　　　　（オーストリア，1702〜1736年）

図4-40　ツヴィンガー宮
　　　　（ドレスデン，ドイツ，1709〜1722年）

図4-38　ベルヴェデーレ宮，上宮
　　　　（ウィーン，1722年）

図4-41 レジデンツ（ヴュルツブルク、ドイツ、1719〜1744年）

図4-42 フィアツェーンハイリゲンの巡礼教会堂（ドイツ、1743〜1772年）

図4-43 ザンクト・ヨハネス・ネポムク教会堂（ミュンヘン、ドイツ、1733〜1750年）

図4-44 ヴェルテンブルクの修道院教会堂（ドイツ、1717〜1721年）

さらに、アザム兄弟によるミュンヘンのザンクト・ヨハネス・ネポムク教会堂(1733〜1750年)とヴェルテンブルクのベネディクト会修道院教会堂(1717〜1721年)がある(図4-43,44)。アザム兄弟は、コスマス・ダミアン・アザム(Cosmas Damian Asam, 1686-1739)とエーギット・クヴィリン・アザム(Egit Quirin Asam, 1692-1750)の2人で、兄はローマで絵画を学んでおり、弟も同行していた可能性が高いとされている。そのほかにも例は多いが、ヨハン・ミヒャエル・フィッシャー(Johann Michael Fischer, 1692-1766)によるオットーボイレンのベネディクト会修道院教会堂(1737〜1766年)と、ドミニクス・ツィンマーマン

(Dominikus Zinmmermann, 1685-1766)とヨハン・バプティスト・ツィンマーマン(Johann Baptist Zimmermann, 1680-1758)の兄弟によるディー・ヴィースの巡礼教会堂(1747〜1754年)をあげれば，主だった建築家と作品はあげたことになるであろう(図4-45)．

なお，フランスの影響の例をまとめておくと，上述のウィーンのシェーンブルン宮もベルヴェデーレ宮も，それに18世紀のバイエルン選帝侯マクシミリアン・エマヌエルが営んだミュンヘンのニュンフェンブルク宮(1664年起工)もみなヴェルサイユ宮を模したものであった．そしてニュンフェンブルク宮内にあるアマリエンブルク宮(1734〜1739年)は，ジャック＝フランソワ・ブロンデルに学んだフランス系の建築家フランソワ・キュヴィリエー(François Cuvillies, 1695-1768)の作品である(図4-46)．さらに，プロイセン王国の18世紀半ばから後半にかけての王フリードリッヒ大王は，建築家ゲオルク・フォン・クノーベルスドルフ(Georg von Knobelsdorff, 1699-1753)に設計させてポツダムに「サン・スーシ」(憂いがないという意味のフランス語，1745〜1747年)という名のフランス風の宮殿を建てている(図4-47)．

ドイツのバロック建築は，神聖ローマ帝国の事実上の崩壊から，いくつかの王国・侯国の並存する時代を経て，プロイセン王国を中心とする統一国へといたる政治的には緊張感をはらんだ時代を背景に，極度の発展を遂げたのである．

図4-45 オットーボイレンの修道院教会堂 (ドイツ，1737〜1766年)

図4-46 ニュンフェンブルク宮のアマリエンブルク宮 (ミュンヘン，1734〜1739年)

図4-47 サン・スーシ (ポツダム，ドイツ，1745〜1747年)

4.4 イギリス

■ I. ジョーンズと Ch. レンの活躍

イギリスもドイツと同じく，イタリア建築の導入が遅い．古典的な要素を採り入れたイギリスで最初の作品がウィルトシャーのロングリート・ハウス(1568年起工)だとされる(図4-48)．これは16世紀後半の建物で，その計画の最後期にロバート・スミソン(Robert Smythson, 1535頃-1614)が関わっている．彼はほかにもノッティンガムシャーのウォラトン・ホール(1580～1588年)やダービーシャーのハードウィック・ホール(1590～1597年)を設計しているが，いずれも多分にゴシック的な要素をとどめたものであった．

イギリスに真の古典主義の建築をもたらしたのは，もう1世代後のイニゴー・ジョーンズ(Inigo Jones, 1573-1632)である．彼は2度イタリアへ行っており，ヴェネチアでは最晩年のスカモッツィと会っている．多くの建築書の蒐集とその研究を通じてイギリスにパラーディオ主義を広め，また実作を通じて同時代と後世に多くの影響を与えた．彼の代表作が，ロンドンのホワイトホール宮のバンケッティング・ハウス(1619～1622年)とグリニッジのクイーンズ・ハウス(1616～1635年)である(図4-49, 50)．なお，ジョーンズの後期の仕事には，彼の甥で助手を務めたジョン・ウェッブ(John Webb, 1611-1672)が関わっており，ウェッブの関与がどの程度であったかはっきりしないらしい．

続く時代の大建築家がクリストファー・レン(Christopher Wren, 1632-1723)で，17世紀後半はさながら彼の1人舞台のような様相を呈する．彼は元来すぐれた数学者・科学者であったが，1666年の大火の後のロンドン復興計画が彼に託される．彼は，そ

図4-49 ホワイトホール宮のバンケッティング・ハウス(ロンドン，イギリス，1619～1622年)

図4-48 ロングリート・ハウス(ウィルトシャー，イギリス，1568年起工)

図4-50 クイーンズ・ハウス(グリニッジ，イギリス，1616～1635年)

の少し前から建築の設計行為を始めており，前年の1665年には8カ月パリに滞在し，著名な建築家とも会ったらしい．特に折からパリに滞在中であったベルニーニと会ったとされている．大火後，ロンドンの50以上の教会堂が建て直されることになり，それらの設計の多くに彼は関与しているが，その代表がウォルブルックのセント・スティーブン教会堂(1672〜1687年)である．そして，彼の建築家としての仕事の総決算がセント・ポール大聖堂である(図4-51)．これは直径34mのドームをもつイギリス最大のモニュメントで，1675年に起工し，1710年に竣工しているが，1人の建築家が終始設計し，生前に竣工までを見届けた大規模教会堂建築の希有の例とされる．そのほかにも，グリニッジのロイヤル・ホスピタル(1662〜1710年)，ミドルセックスのハンプトン・コート宮(1689〜1694年)の設計にも関わっており，イギリス最大の国民的建築家とされる(図4-52,53)．

■**さまざまな展開**

レンの1世代後の建築家を代表するのが，ジョン・ヴァンブラ(John Vanbrugh, 1664-1726)とニコラス・ホークスムア(Nicholas Hawksmoor, 1661-1736)であり，いずれもイギリス・バロックの代表的な建築家である．ヴァンブラは政治的な人質となって4年以上もパリに幽閉されているが，解放後は自由に旅行できたらしく，そ

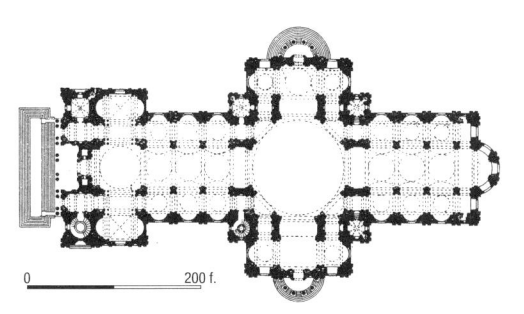

(a) 平面図　　　　　　　　　　　　　　(b) 外　観

図4-51　セント・ポール大聖堂(ロンドン，1675〜1710年)

図4-52　ロイヤル・ホスピタル
　　　　（グリニッジ，1662〜1710年）

図4-53　ハンプトン・コート宮，ファウンティン・コート（ミドルセックス，イギリス，1689〜1694年）

こで建築を研究していたとされる．彼の代表作が，オクスフォードシャーのブレニム宮（1705〜1725年）とヨークシャーのカースル・ハワード（1699〜1712年）である（図4-54）．

ブレニム宮はヴェルサイユ宮のイギリス版とも目されるが，その庭園は幾何学的・人工的なフランス式と異なって，起伏に富んだ地形をそのまま生かした自然式のものであり，最初期のイギリス式庭園の例である．庭園を設計したのはランスロット・ブラウン（Lancelot Brown, 1716-1783,「土地のケイパビリティー（可能性）」というのが口癖であったので，そのあだ名をとってケイパビリティー・ブラウンとも呼ばれる）であり，彼はウィリアム・ケント（William Kent, 1685-1748）とともにイギリス式庭園のパイオニアとされる．ホークスムアはレンの雇員として，またヴァンブラを補助したりして建築家として形成されているが，ロンドンのセント・アン教会堂（1712〜1724年）とヨークシャーのカースル・ハワードのマウソレウム（1729〜1736年）といった作品を残している（図4-55）．

18世紀もパラーディオ主義とバロックがさまざまな展開をみせ，多くの建築家を輩出する．代表的な建築家と作品をあげると，まずジョン・ウッド父子（父子とも同姓同名で，父 John Wood は1704-1756，子は1728-1781）によるバース（Bath）のクイーンズ・スクエア（1729〜1736年）とサーカスとロイヤル・クレセント（1754〜1775年）（図4-56,57）．バースはその名の通り，古代ローマの浴場のあった所で，この都市出身の

図4-54　ブレニム宮（オクスフォードシャー，イギリス，1705〜1725年）

図4-55　セント・アン教会堂（ロンドン，1712〜1724年）

図4-56　クイーンズ・スクエア（バース，イギリス，1729〜1736年）

図4-57 サーカスとロイヤル・クレセント
（バース、1754〜1775年）
下の丸いのがサーカス、上の三日月形がロイヤル・クレセント

ウッド父子は先述の3つのタウンハウスなどによって、ここを古代ローマのごとく壮大にしようとしている。サーカスは円形に、ロイヤル・クレセントは三日月形に、それぞれ配置された集合住宅であり、両者はほぼひとつながりをなして18世紀のイギリスを代表する壮麗な都市景観をつくりだしている。

次にパラーディオ主義に殉じたコリン・キャンベル（Colen Campbell, 1676-1729）とバーリントン卿（リチャード・ボイル Richard Boyle, 1694-1753）。キャンベルにはケントのミアワース・カースル（1723〜1725年）などの作品があるが、イギリスの建築家の図面集（全3巻）『ウィトルウィウス・ブリタニクス Vitruvius Britanicus』（1716〜1725年）を出した人として記憶されるべきであろう。バーリントン卿は貴族のアマチュア建築家で、ロンドンのチズウィック・ハウス（1725年、自邸）などの作品があるが、芸術愛好家として同時代の建築家に大きな影響を与えた人である。それから、ロンドンのセント・マーティン・イン・

ザ・フィールズ教会堂（1722〜1726年）やオクスフォードのラドクリフ・カメラ（1737〜1749年、図書館）で知られるジェイムズ・ギッブズ（James Gibbs, 1682-1754）（図4-58,59）。彼は、ローマのカルロ・フォンタナの下で学んでおり、外国で専門的に建築の教育を受けた最初のイギリス人建築家とされる。

18世紀後半を代表するのは、ロバート・アダム（Robert Adam, 1728-1792）とウィリアム・チェンバーズ（William Chambers, 1723-1796）である。アダムは父親ウィリアムも、兄ジョンも、弟ジェイムズも建築家という家に生まれ、グランドツアー（イギリスの富裕な家の子息が教育および一種の通過儀礼として大陸を旅行した当時の習慣）によってフランスを経てイタリアに行

図4-58 セント・マーティン・イン・ザ・フィールズ教会堂（ロンドン、1722〜1726年）

図4-59 ラドクリフ・カメラ（オクスフォード，イギリス，1737〜1749年）

図4-61 キュー・ガーデンの中国風の塔（ロンドン郊外，1763年）

き，そこで2年間学んでいる．代表作はダービーシャーのケドルストン・ホール（1761〜1765年）であろうが，そのほかにも貴族の館を主とした数十の作品を設計し，2巻からなる自作の作品集を出し，膨大な数の建築図面を残している（図4-60）．彼の真骨頂はそのロココ風室内意匠にあるとされているが，その影響はイギリスのみならず，ロシアとアメリカに及んでいる．

図4-60 ケドルストン・ホール（ダービーシャー，イギリス，1761〜1765年）

チェンバーズの経歴は異色である．彼は，スコットランド出身の商人の父親の仕事の関係でスウェーデンのイエテボリで生まれ，教育はイギリスで受けたが，スウェーデンの東インド会社に入ってインドや中国に滞在している．その後，パリのジャック・フランソワ・ブロンデルの下で建築を学び，さらにローマでも学んでいる．代表作はロンドンのサマセット・ハウス（1776〜1786年）であるが，中国滞在の経験の現れかロンドン郊外のキュー・ガーデンに中国風の十重の塔（1763年）を建てている（図4-61）．また『中国建築の意匠 Designs of Chinese Buildings』（1757年）という本を出して，シノワズリー（中国趣味）の興隆に大きな影響を与えている．

4.5 東欧とロシアと北欧

■東欧と中欧

東欧あるいは中欧へのイタリア・ルネサンスの建築の導入は，非常に早く15世紀の最後の四半世紀のこととされる．それはハンガリー王マーチャシュ1世によるもので，フィレンツェから建築家が招かれている．その後も，城館・宮殿・教会堂などの設計にイタリア人建築家が招かれており，いくつかの遺構が残されている．しかし，この地域に独自の建築が発展するのは，17世紀末から18世紀前半にかけてのボヘミア（現在のチェコ）のバロックにおいてである．その発展をになったのがディーンツェンホーファー一族である．ディーンツェンホーファー(Dientzenhofer)はゲオルク(Georg, 1643-1689)，ヴォルフガング(Wolfgang, 1648-1706)，クリストフ(Christoph, 1655-1722)，レオンハルト(Leonhard, 1660-1707)，ヨハン(Johann, 1663-1726)の5人の兄弟と，クリストフの息子キリアン・イグナーツ(Kilian Ignaz, 1686-1751)からなる．

5人の兄弟はドイツのバイエルン地方の農民の出身であるが，石工として修業をした後プラハへ来て，妹の夫となったアブラハム・ロイトナー(Abraham Leuthner, 1639?-1700または1701)の導きによって建築界で活躍するようになる．ロイトナーはオーストリアの出身で，イタリア人建築家の補助をしながら建築家としての地位を築いている．ちょうどプラハではイタリア人建築家たちの勢力が弱まっていた時期であった．5人兄弟の中ではゲオルクとクリストフとヨハンがよく活躍しているが，彼らのバロック建築は長男の名をとって「ゲオルク・スタイル」と呼ばれることもある．彼らの代表作が，クリストフの作品，プラハのマラー・ストラナ(小地区)にある聖ニコラス教会堂(1703～1711年)である．キリアン・イグナーツ・ディーンツェンホーファーはきちんとした教育を受けて時代を代表する建築家となっている．代表作はプラハのスタレー・ムニェスト(元街)にある聖ニコラス教会堂(1732～1737年)である．

■ロシア

ロシアにも，意外と早くイタリア・ルネサンスの建築がイタリア人建築家によってもたらされているが，終始，伝統的なビザンチン建築との混交を示している．17世紀の終わりのピョートル大帝の時に，イタリア系のスイス出身の建築家ドメニコ・トレッシーニ(Domenico Tressini, 1670-1734)によってバロックがもたらされ，18世紀半ばの女帝エリザヴェータの時に，イタリア系のフランス出身の建築家バルトロメオ・ラストレッリ(Bartolommeo Rastrelli, 1700-1771)によってヴェルサイユ宮殿風フランス・バロックがもたらされた．そして次の女帝エカチェリーナ2世のときには各国の建築家が仕事をしている．イタリア出身のジャコモ・クアレンギ(Giacomo Quarenghi, 1744-1817)，イギリス出身のチャールズ・カメロン(Charles Cameron, 1740頃-1812)，フランス出身のジャン・バティスト・ミシェル・ヴァラン゠ド゠ラ゠モット(Jean Baptiste Michel Vallin-de-la-

Mothe, 1729-1800) などがその例である．

同時にロシア人建築家も活躍しだした．パリで学んだイワン・エゴロヴィッチ・スタロフ (Ivan Yegorovitch Starov, 1744-1808) とアドリアン・ドミトリエヴィッチ・ザカロフ (Adrian Dmitrievitch Zakharov, 1761-1811), ローマで学んだアンドレイ・ニキフォロヴィッチ・ヴォロニキン (Andrei Nikiforovitch Voronikhin, 1759-1814) とカルル・イヴァノヴィッチ・ロッシ (Karl Ivanovitch Rossi, 1775-1849), 珍しくロシアだけで学んだマチュフェイ・フョードロヴィッチ・カザコフ (Matvei Fiodorovitch Kazakov, 1738-1812) といった人たちである．サンクト・ペテルブルグの冬宮 (エルミタージュ美術館の主部分1754〜1762年) とその郊外ツァールスコエ・セロのエカチェリーナ宮殿 (1750〜1754年) はラストレッリの設計，冬宮の向かいの参謀本部 (1819〜1829年) はロッシの作品である (図4-62, 63)．同じくサンクト・ペテルブルグの美術アカデミー (1765〜1782年) はヴァラン=ド=ラ=モットの設計，科学アカデミー (1783〜1787年) はクアレンギの設計，新海軍省 (1806〜1823年) はザカロフの設計によるものである (図4-64)．そしてモスク

図4-62　サンクト・ペテルブルグの冬宮
（ロシア，1754〜1762年）

図4-63　参謀本部
（サンクト・ペテルブルグ，1819〜1829年）

図4-64　美術アカデミー
（サンクト・ペテルブルグ，1765〜1782年）

ワのパシュコフ宮（現在のロシア国立図書館旧館1784〜1786年）はカザコフの作品である．

■ 北　欧

北欧への古典系建築の導入は，主としてネーデルラントとフランスを通じて行われているが，特にネーデルラントの影響が大きいようである．現実に活躍した建築家もネーデルラントやフランスの建築家である．その代表が，スウェーデンの王宮で仕事をしたフランス人シモン・ド=ラ=ヴァレ (Simon de la Vallée, 1590頃-1642) とジャン・ド=ラ=ヴァレ (Jean de la Vallée, 1620-1696) 父子で，彼らはストックホルムのリッダーフーセット (1641〜1674年，貴族会館) の設計に関わっている．17世紀

の後半以降は，スウェーデンのテッシン一族，デンマークのニコライ・アイグドヴェズ（Nikolaj Eigtved, 1704-1754）やカスパー・フレデリック・ハースドルフ（Caspar Frederik Harsdorff, 1735-1799）やクリスチャン・フレデリック・ハンセン（Christian Frederik Hansen, 1746-1845）など，自国の建築家も活躍するようになる．

テッシン一族は，ニコデムス・テッシン（Nicodemus Tessin, 1615-1681）と，その同姓同名の子（1654-1728）と孫カール・グスタフ・テッシン（Carl Gustav Tessin, 1695-1770）の3代にわたりスウェーデンを代表する建築家である．父のテッシンはポメラニア（主として現在のポーランド．彼の出身をフランドルとする説もある）出身のフランス系の人であるが，1646年からスウェーデンの王室建築家となって，ミニ・ヴェルサイユ宮とも称すべきストックホルム郊外の離宮ドロットニングホルム宮（1662年起工）を設計している（図4-65）．子のテッシンの代表作がストックホルムの王宮（1690～1708年）である（図4-66）．孫は実践的な建築家というよりも政府高官といった立場におり，その仕事の多くは，実際はこの時代のもう1人の大建築家カール・ホーレマン（Carl Hårleman, 1700-1752）の仕事といえる．

アイグドヴェズの代表作は，コペンハーゲンのアマリエンボー宮殿（1750～1754年）である（図4-67）．ハースドルフは1754年にできたばかりのコペンハーゲンの美術アカデミーで学び，後にパリとローマで学んで建築家として形成されたデンマークで最初のいわば生え抜きの建築家で，その代表作はコペンハーゲンの西方の町にあるロスキレ大聖堂内のフレデリック5世礼拝堂（1774年起工）である．そしてハンセンは，コペンハーゲンのアカデミーで学び，ついでハースドルフから学び，そして奨学金を得て長くローマで学んだこの時代のデンマークを代表する建築家である．代表作はコペンハーゲンのフォル・フルーエ教会堂（1810～1829年）であるが，そこにはフランスのブレー（5.1節参照）の影響がみられる．

図4-66　ストックホルム王宮
　　　　（スウェーデン，1690～1708年）

図4-65　ドロットニングホルム宮（ストックホルム郊外，スウェーデン，1662年起工）

図4-67　アマリエンボー宮（コペンハーゲン，デンマーク，1750～1754年）

4.6 ロココとバロック

　ロココは「ロカイユ」から派生してできた言葉だとされる。「ロカイユ」とは，室内の壁やドアの隅部につけられる，貝殻，しぶきをあげる波頭のような植物文様，あるいは珊瑚(サンゴ)やタツノオトシゴのような造形要素を組み合わせた非対称形の装飾のことをいう(**図4-68**)．この室内装飾の要素の1つが，広く用いられるスタイルの名称となったわけであるが，逆にいえばこれだけが特色ともいえ，バロックとの違いは曖昧である．したがって，バロック末期の特に室内意匠に限って用いるべきだとする考え方もある．現に，ロココの例としてあげられるのはほとんど室内意匠であり，ロココ建築の外観というのは容易に想起しにくい．また，ロココの発祥地とされるフランスでは，元来が蔑称であったこの語を嫌って，ほぼ同様の対象を指して「ルイ15世様式」と呼び，通常はバロックとされるその前のスタイルを「ルイ14世様式」と呼ぶことが多い．3.3節で述べたように，バロックもまた元来は蔑称だったからである．ルイ14世の在位が1643年から1715年まで，ルイ15世の在位が1715年から1774年までであるから，ロココは1715年前後に始まったスタイルと考えられている．

　ロココの造形的要素は，上述の「ロカイユ」装飾を除けば，基本的にはバロックと同じである．すなわち，厳格な規則を無視して自由奔放であり，直線・直角を避け，曲線・曲面を好み，華麗な装飾性を示す．しかし，バロックと比べると，オーダー柱はあまり用いず，装飾は凹凸が減じてやや平面的になり，劇的で重々しく暗い陰影は避ける傾向が強い．用いる色彩も金色を好むのはバロックと同じだが，白や淡い水色など明るく軽快なものが多い．また，シノワズリー(中国趣味)など異国情緒のあるもの，詩的で物語性のあるものに対する憧憬がみられる．つまり，求められているのは，威圧的で格式ばったものではなく，小さな驚きを与える気の利いたエスプリ，情緒的な暖かさ，たおやかさ，細やかさなのである．これは，ルイ14世時代があまりにも理性的で儀式的であったことに対する反動だとされる．

　先にロココは室内の意匠の特徴に過ぎないといったが，平面計画上の特色はみられる．バロックはまったくの左右対称で，部屋が無限に続いて行くような壮大な配置(ドアの位置がそろったいくつもの部屋の並びをアンフィラードと呼ぶ)を好んだが，ロココは，正面側と裏の庭園側とで軸線をずらすなど左右対称にはこだわらず，部屋

図4-68　ロカイユ装飾

4.6 ロココとバロック

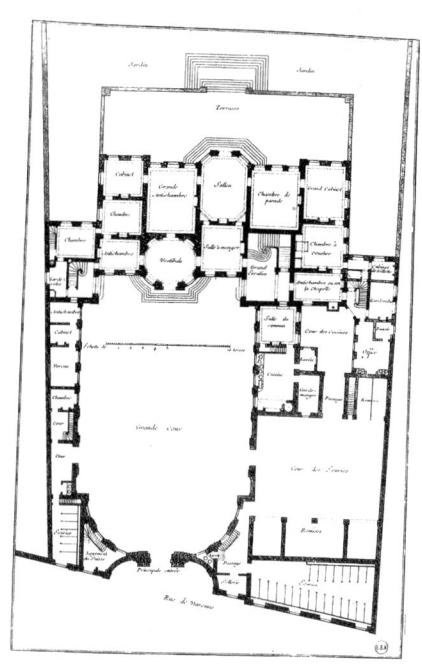

図4-69　オテル・ド・マティニョン，平面図
（パリ，1722年起工）
入口側（下側）の中心軸と庭園側（上側）の
中心軸がずれている．

を比較的小さく区切り，格式よりも使い勝手や親密性を優先させた（図4-69）．そして儀式的ではないサロンとしての部屋の主人は，男性ではなく，むしろルイ15世の愛人ポンパドール夫人などの女性だとみなされるのである．

フランス起源のロココは，ドイツ・オーストリアをはじめヨーロッパ中に伝搬して行き，イタリアにすら逆移入されるに至る．4.3節で述べたヨハン・バルタザール・ノイマン，ヨハン・ミヒャエル・フィッシャー，ツィンマーマン兄弟，それにフランソワ・キュヴィイェーはむしろロココの建築家といったほうがよいかもしれないのだが，それぞれの国のロココ的建築家はバロックとロココをことさら区別せずにすでに述べたので，ここではフランスの建築家だけをあげることにする．

フランスのロココを代表する建築家は，ジェルマン・ボフラン（Germain Boffrand, 1667-1754）であり，彼の代表作がオテル・ド・スビーズ（1706～1712年）と，ロレーヌ地方リュネヴィルの城館（1702～1722年）である（図4-70）．特に前者の室内装飾はロココの典型とされる．あとはジャン・クールトンヌ（Jean Courtonne, 1671-1739），ジル＝マリ・オップノール（Gilles-Marie Oppenord, 1672-1742），ジュスト＝オーレル・メッソニエ（Juste-Aurèle Meissonnier, 1695-1750）があげられる．クールトンヌはむしろ理論家・著作家・教師として名高く，実作は4点しか知られていないが，その1つオテル・ド・マティニョン（1722年起工）はオテル・ド・スビーズと並ぶロココの代表作とされる（図4-69参照）．オップノールはパリのパレ・ロワイヤルの内装（1716～1720年）などを手がけているが，むしろ残した多量のインテリアの図面で知られ，金細工師出身のメッソニエも著書の図面集でのみ知られている．つまり，ボフラン以外は実践的な建築家ではなかったわけであり，文字通りのロココの建築家というのは少ない．ボフランのライヴァルであったロベール・ド・コット（Robert de Cotte, 1656-1736）は，時代としてはロココの建築家であるが，内装は画家や彫刻家に任せており，したがって文字通りのロココの建築家とはし難いのである．

(a) 外観　　　　　　　　　　　　　　(b) 内部

図4-70　オテル・ド・スビーズ（パリ，1706〜1712年）

● 演習問題

1. フランス近世の建築を代表する遺構をあげなさい．
2. フランスの近世建築の西洋建築史上における位置について論じなさい．
3. ネーデルラントとスペインの近世建築を代表する遺構をあげ，その特色を述べなさい．
4. ドイツとオーストリアの近世建築の特殊性について述べなさい．
5. イギリスの近世建築を代表する建築家とその作品をあげ，イギリス近世建築の歴史の概略を述べなさい．
6. 東欧とロシアと北欧の近世建築について，その概略を述べなさい．
7. ロココとバロックの類似点と相違点について論じなさい．

第5章 新古典主義と19世紀の建築

5.1 新古典主義

　バロックあるいはその末期のロココが極端にまで発展すると，当然ながらその反動が起こってくる．それは，よりシンプルなクラシックの原点に戻ろうとする動きであり，過剰な装飾性を排して一種の合理性を尊ぼうとする動きである．そうした動きは18世紀の後半から起こり始めるが，その運動の産物を新古典主義（ネオ・クラシシズム）という．新古典主義の建築が用いる造形要素は，古代ローマやルネサンスの建築と基本的には同じであるが，それを考古学的に正確なものにしようとする傾向があり，また一方で合理化して幾何学的に単純化する傾向もある．さらに，それまで知られていなかった古代ギリシア建築の様式を採用したものが現れるのもこの時代の特徴である．これを「グリーク・リヴァイヴァル」（ギリシア復興）と呼ぶが，その傾向を支えたものの1つが，ドイツの美術史・考古学者ヨハン・ヨハヒム・ヴィンケルマン（Johann Joachim Winckelmann, 1717-1768）がギリシア美術についていった「高貴なる単純さと静かなる偉大さ」という名高い言葉である．

　さて，この新古典主義の動きを生み出した動因は大きく2つある．1つは，古代ギリシアを主とした考古学上の新しい発見であり，もう1つはフランス革命に前後して現れた合理主義的な建築観である．

■考古学上の発見

　まず，考古学的な発見について述べる．ルネサンスは，古代ギリシア・ローマ文化の復興運動であったが，建築のそれはもっぱら古代ローマ建築の復興であった．それは現実のギリシアの地が長い間オスマン・トルコの支配下におかれていて，現地の建物を調査することができなかったからである．実際には，パエストゥムなどのイタリア半島の地にも古代ギリシアの植民地時代の遺構が存在したのであるが，それらは注目されなかった．現地でみることができないがゆえに，ルネサンス以降のヨーロッパは逆にギリシアを理想視し過ぎたきらいがあり，パエストゥムの遺構は素朴でアルカイックにすぎるとみえたのであ

ろう．ギリシアのトルコからの独立は1829年であるが，18世紀にはトルコの支配力もかなり弱まっていて，調査を可能にした．1751年から1753年まで，イギリスの建築家ジェイムズ・スチュアート（James Stuart, 1713-1788）と画家・建築家ニコラス・レヴェット（Nicholas Revett, 1720-1804）がアテネの遺構を調査し，1762年に『アテネの古代遺跡 The Antiquities of Athens』という彩色図面集を共著で出版する．この本の出版は大きな反響を呼ぶことになる．実際，この本によってイギリスひいてはヨーロッパは初めて古代ギリシアの建築の実態を知ったわけで，当初はあまりに理想視し過ぎていた想像上のギリシアと現物との差異に戸惑いがあり，論争があったようである．

同じ頃に，ポンペイ，ヘルクラネウム，スパラト（クロアチア），パルミュラ（シリア）などの古代ローマ遺跡が発掘され，その成果が報告された．こうした成果をもとに，学問的に正確な造形が目指されたわけであるが，それはまた正確ではあるが冷たく情緒を欠いたものになることが多かった．

■**フランスの合理主義的建築観**

次に，もう1つのフランスにおける合理主義的な建築観について述べる．イエズス会の説教師であり，絵画論も音楽論も書いている当時の知識人であったマルク＝アントワーヌ・ロジエ（Marc-Antoine Laugier, 1713-1769）が1753年に，『建築試論』という本を出版する．これは，当時隆盛であったロココを批判し，建築の原点への復帰を促す書であった．その趣旨は，この本の唯一の図版である扉頁の寓意画で端的に示されているが，それは4本の自然木で支えられた三角の破風を，古代建築の断片の上に腰掛けコンパスをもった建築の女神が指差しているものであった（図5-1）．この書は当時のフランスの建築界に大きな反響を呼び起こし，またすぐに英語・独語に翻訳され，外国でも影響を与えたのである．その直接的な影響下ではないにしても，この書が巻き起こした大きな論争の渦の中から18世紀の終わりごろのフランス革命期には，今日「革命的」とも「幻視的」とも評される2人の建築家が現れる．クロード・ニコラ・ルドゥー（Claude Nicolas Ledoux, 1736-1806）とエティエンヌ・ルイ・ブレー（Etienne Louis Boullée, 1728-1799）である（もう1人，ジャン＝ジャック・ルクー

図5-1　ロジエ著『建築試論』の扉頁の図版

(Jean-Jacques Lequeu, 1757-1825以降）をこの2人と並べる考えもあるが，彼は20世紀半ばに発見された人であって，時代への影響はまったくない）．

ルドゥーは，同時代に「語る建築」とも評された，その用途をプランや外観に明確に示す計画案（たとえば家の中を川が流れる「河川管理人の家」の案）をその著書『建築論』の中で提示した（図5-2）．また実作では，細部を幾何学的に単純化したいくつかのパリの市門（1784～1789年）やユートピア的な構想に基づくアルケ・スナンの王立製塩所（1775～1780年）などを設計している（図5-3）．ブレーは実作はほとんどないが，やや誇大妄想的なところもあるけれども，球形や円筒形など純粋でシンプルな造形を示す図面を伴った著書『建築，芸術試論 Architecture, Essai sur l'art』と，アカデミーにおける教育とによって大きな影響を与えた（図5-4）．その生徒の中から，後にフランス内外に大きな影響を及ぼすジャン・ニコラ・ルイ・デュラン（Jean Nicolas Louis Durand, 1760-1834）が現れる．デュランもまた著作家・教師に終始したが，彼は古典主義の建築にまつわるさまざまな意味をすべて取り払って，建築の平面と立面を方眼紙上の造形パターンの組み合わせとして極度に合理化・単純化して示したのである（図5-5）．

図5-2 ルドゥーの「河川管理人の家」計画案
家の中を川を流すことによって，この家の機能を端的に示している．

図5-3 ラ・ヴィレットの市門
（パリ，フランス，1784～1789年）

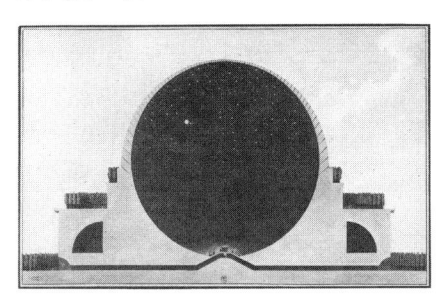

図5-4 ブレーの「ニュートン記念堂」計画案
ニュートンはヨーロッパの啓蒙主義のこの時代における知的スーパースターであった．

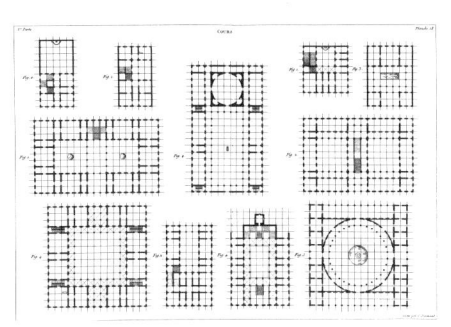

図5-5 デュラン著『王立理工科学校建築講義概要 Précis des Leçons d'Architecture』の中の図版
さまざまな建物の平面図が，すべて方眼紙上に描かれている．

なお，ブレーとルドゥーのほぼ同時代人で，イタリアにおいて高度に合理主義的な建築理論に基づいて活発な著作活動を行ったフランチェスコ・ミリツィア（Francesco Milizia, 1725-1798）という理論家がいる．また，ミリツィアに大きな影響を与えた理論の持ち主としてカルロ・ロードリ（Carlo Lodoli, 1690-1761）という修道士がいる．ロードリはフランスのロジエと同じような働きをしているが，本人自身は著書を出しておらず，後に何人かの人が彼の主張を伝える著作を出しているのみで，やや謎めいている．しかし，影響力はきわめて大きかったらしい．いずれにしても，18世紀末から19世紀にかけて，フランスでもイタリアでも同様な理論的活動があったということである．

■**新古典主義の実作品**

さて，こうした2つの流れからできた新古典主義であるが，その主だった実例をあげよう．まずフランスであるが，時代は革命の続く動乱期であり，建築活動そのものが少なく，それゆえに建築家たちは図面上に自らを表現せざるを得なかった．しかし，ルドゥーには実作があり，その代表はすでにあげた．革命後のナポレオン1世の治世下にパリは古代ローマの栄光にならって飾られるのだが，その実例がエトワールの凱旋門（1806〜1836年）とラ・マドレーヌ教会堂（1806〜1842年）とカルーゼルの凱旋門（1806〜1808年）である（**図5-6,7,8**）．

エトワールの凱旋門は，ローマへ留学したジャン・フランソワ・シャルグラン（Jean

図5-6　エトワールの凱旋門
（パリ，1806〜1836年）

図5-7　ラ・マドレーヌ教会堂
（パリ，1806〜1842年）

図5-8　カルーゼルの凱旋門
（パリ，1806〜1808年）

François Chalgrin, 1739-1811) の設計によるもので，古代ローマの記念門を巨大化したものであるが，考古学的研究の成果を示しつつ幾何学的単純化をみせている．ラ・マドレーヌ教会堂は，ルドゥーの影響下に育ったピエール・アレクサンドル・ヴィニョン (Pierre Alexandre Vignon, 1763-1828) の設計になるもので，これまた古代ローマの神殿を巨大化したものである．そしてカルーゼルの凱旋門は，ナポレオンのお気に入りであったピエール・フォンテーヌ (Pierre Fontaine, 1762-1853) とシャルル・ペルシエ (Charles Percier, 1764-1838) の設計によるものである．2人は一緒にローマへ留学しており，これも考古学的学習の成果とみなされる．なお，ルーヴル宮の中央軸がカルーゼルの凱旋門，エトワールの凱旋門を貫いて，20世紀末のグラン・プロジェの成果物の1つであるラ・デファンスのグラン・タルシュに達している．

図5-9　ブリティッシュ・ミュージアム（ロンドン，イギリス，1824～1828年）

図5-10　王立ハイスクール（エディンバラ，イギリス，1825年起工）

　イギリスの新古典主義を代表するのは，ロバート・スマーク (Robert Smirke, 1780-1867) によるロンドンのブリティッシュ・ミュージアム（大英博物館，1824～1828年）と，トーマス・ハミルトン (Thomas Hamilton, 1784-1858) によるエディンバラの王立ハイスクール（1825年起工）である（図5-9,10）．いずれもグリーク・リヴァイヴァルの作品である．スマークは5年間かけてフランス・イタリア・ギリシア・ドイツを旅行しており，巨大なギリシア神殿ともみられる大英博物館はその成果である．王立ハイスクールもまた巨大なギリシア神殿と目されるものである．

　文字通りの新古典主義というのとはや や異なるが，古代の建築を学問的に研究し，それを自家薬籠中のものにして自在に組み合わせ，あるいは単純化して用い，独特の作品をつくり出したのがジョン・ソーン (John Soane, 1753-1837) である．彼は2年間のローマ滞在中にイタリア各地を旅行して研究し，ロンドンのイングランド銀行（1788～1835年）の設計に長期間関わっている（図5-11）．そこには，古代の神殿やあるいはイタリアの18世紀の幻想的な銅版画家ピラネージの影響も指摘されている．また彼の自邸（現在はソーン博物館1812～1813年）は，その収集品とさまざまな建築的創意とが組み合わされており，さながら建築実験場の感を呈している（図5-12）．

118──第5章　新古典主義と19世紀の建築

図5-11　イングランド銀行
（ロンドン，1788〜1835年）

(a)　外　観
(b)　内部断面図

図5-12　ソーン自邸（ロンドン，1812〜1813年）

　ドイツの新古典主義の建築家を代表するのは，北ドイツのプロイセンのカール・フリードリッヒ・シンケル（Karl Friedrich Schinkel, 1781-1841）と，南ドイツのバイエルンのレオ・フォン・クレンツェ（Leo von Klenze, 1784-1864）である．シンケルは，ギリシアのモチーフを用いたベルリンのシャウスピールハウス（王立劇場1819〜1821年）とアルテス・ムゼウム（古美術館，1824〜1828年）を設計しているが，単に新古典主義の建築家にとどまらず，多様な作品を残した19世紀ドイツを代表する建築家である（図5-13,14）．彼は，ポメラニア生まれのフランス系の建築家で少年のときにベルリンに来て夭折しながらもドイツの建築家に大きな影響を与えたフリードリ

ッヒ・ジリー（Friedrich Gilly, 1772-1800）と，デュランから影響を受けている．もう1人のクレンツェもまた，ジリーの影響を受けており，またパリでデュランに直接教わっている．グリーク・リヴァイヴァルの産物であるレーゲンスブルク近郊のギリシア神殿風のヴァルハラ（1829～1842年，ドイツの英雄・偉人を祀る記念堂）とミュンヘンのグリュプトテーク（古代彫刻美術館，1816～1830年）がその代表作である（図5-15,16）．その他に，アテネのアクロポリスのプロピュライアを模した早い時期のグリーク・リヴァイヴァルの作品とみなされるベルリンのブランデンブルグ門（1789～1793年）があるが，これはカール・ゴットハルト・ラングハンス（Carl Gotthardt Langhans, 1733-1808）の作品である（図5-17）．

図5-15　ヴァルハラ（レーゲンスブルク近郊，ドイツ，1829～1842年）

図5-16　グリュプトテーク（ミュンヘン，ドイツ，1816～1830年）

図5-13　シャウスピールハウス（ベルリン，ドイツ，1819～1821年）

図5-17　ブランデンブルグ門（ベルリン，1789～1793年）

図5-14　アルテス・ムゼウム（ベルリン，1824～1828年）

5.2 ピクチュアレスクとポリクロミー

　ピクチャアレスクというのは,「絵のように美しい」という意味の英語であるが, 絵に描きたくなるような, あるいは絵の題材にふさわしいような, 自然の景観や庭園や建物を好む美意識, もしくはその美意識の対象のもつ傾向を指していう. こうした美意識は, 18世紀の後半から, 主としてイギリスで発展させられた. それを推進したのは, ウヴェデール・プライス(Uvedale Price, 1747-1829)やリチャード・ペイン・ナイト(Richard Payne Knight, 1750-1824)などの著作家・趣味人であった貴族である.

　彼らは, いずれもローマで活躍したフランスの画家クロード・ロラン(Claude Lorrain, 1600-1682)やガスパール・プーサン(Gaspard Poussin, 1615-1675)などの風景画に心動かされ, その絵に描かれたような場所を, 自分の領地に実際につくろうとしたのである. その風景画は, 神話に題材をとったものであるが, 起伏のある変化に富んだ自然を背景に描かれており, しばしば古代神殿の廃墟や断片が挿入されていた. 彼らは, その風景を実際につくると同時に, 詩や美学の理論書によってその魅力を鼓吹した. したがって, ピクチュアレスクの美意識は庭園を核として展開していくのであり, 財力と知識とを兼ね備えた趣味人(ディレッタント)たちによって広められていくのである.

　ピクチュアレスクの美意識は, あまり人工的にこしらえすぎず, 自然がそのまま生かされ, 構成要素が突然に激しく変化することなく穏やかに漸次的に推移するような庭園を好んだ. そして, そこには古代の神殿の廃墟や断片, ゴシックの聖堂の廃墟, 田舎屋風の東屋などがフォリー(もっぱら眺めるための点景としての建築)としておかれた. つまり, 物語性・異国趣味のあるロマンティックな景観が好まれたのである. したがって, この美意識にかなう建築も, 厳格に左右対称で壮大なものではなく非対称で小さいもの, 豪華なものではなく簡素なもの, ときには崩れかけたあばら家あるいは廃墟, そして自然と屹立するものではなく自然に溶け込んだものであった.

■ピクチュアレスクの代表例

　その実例をあげると, 富豪の趣味人ホレス・ウォルポール(Horace Walpole, 1717-1797)がミドルセックスのトウィッケナムに友人の建築家たちの助けを借りながら営んだ別荘ストロベリー・ヒル(1748〜1777年)がその早い例である(図5-18). ロイド・ヘスケス・バンフォード=ヘスケスという人が, 2人の建築家チャールズ・オーガスタス・バスビー(Charles Augustus Busby, 1788-1834)とトーマス・リックマン(Thomas Rickman, 1776-1841)の助けを借りて建てたアバジール近傍のグウリッチ・カースル(1814年頃)も, まさに絵に描いたような中世風の城である(図5-19). こうした趣味を極端にまで追求した富豪ウィリアム・ベックフォード(William Beckford, 1760-1844)が, 建築家ジェイムズ・ワイヤット(James Wyatt, 1746-1813)に建てさせたウィルトシャーのフォントヒル・アベイ(1796〜1807年)はそうしたもの

図5-18　ストロベリー・ヒル（トゥイッケナム，イギリス，1748〜1777年）

図5-19　グウリッチ・カースル
　　　　（アバジール近傍，イギリス，1814年頃）

図5-20　フォントヒル・アベイ（ウィルトシャー，
　　　　イギリス，1796〜1807年）

の究極の産物であったが，後に崩壊してしまった（図5-20）．

　建築家としてピクチュアレスクを代表するのは，このワイヤットとジョン・ナッシュ（John Nash, 1752-1837）である．ワイヤットがその経営的才覚の欠如のゆえか，多くの作品が失われているのに対して，ナッシュは実践的で多様な作品をたくさん設計し，またその多くが残っている．インドのイスラム建築風のブライトンのロイヤル・パヴィリオン（1815〜1823年），イタリアの農家風のシュロプシャーのクロンクヒル（1802年）が，その代表作である（図5-21）．また，上述のリックマンのケンブリッジのセント・ジョンズ・カレッジのニューコー

図5-21　ロイヤル・パヴィリオン
　　　　（ブライトン，イギリス，1815〜1823年）

ト（1825〜1831年）も，いかにもピクチュアレスクである（図5-22）．フランスでは4.1節であげたヴェルサイユ宮庭園内のミークによる集落（アモー）もピクチュアレスクの代表例である．

図5-22　セント・ジョンズ・カレッジのニュー・コート（ケンブリッジ，イギリス，1825〜1831年）

ところで，上にあげた実例の中には中世のモチーフが用いられているものが多かったが，ピクチュアレスクの理論的な帰結がゴシック・リヴァイヴァルになるわけではない．しかし，ピクチュアレスクがゴシック・リヴァイヴァルを生み出す大きな力となったことは確かであり，両者の相違は実際は曖昧である．そのゴシック・リヴァイヴァルが次節の課題である．

■**ポリクロミーの所産**

しかし，その前にもう1つの趣味の傾向であるポリクロミー（多彩色）について触れておかねばならない．ルネサンス以降の建築論においては，ほとんど色彩は問題にされなかった．建築の造形美の源泉はもっぱら形，プロポーション（比例）にあるのであって，色彩は材料の選択の自ずからな結果にすぎないものとされた．あるいは，ルネサンスが模範とした古代建築が白い大理石によってのみつくられているようにみえたことも，そうした考えを助長したかもしれない．しかし，これも前節で述べた考古学的な発見に関わるのであるが，古代遺跡の緻密な調査によって，それらが当初は極彩色に塗られていたことがしだいに明らかとなってきた．前節で述べたスチュアートとレヴェットは，すでにアテネのパルテノン神殿のペディメントが彩色されていたことを指摘していたし，その後も古代建築が当初は彩色されていたことの報告が続いた．

そして，1827年にドイツ生まれのフランスの建築家ジャック・イニャス・イットルフ（Jacques Ignace Hittorff, 1792-1867）が出版した『シチリアの古代建築 Architecture antique de la Sicile』は，彼が2年間にわたって調査したシチリアの古代ギリシア神殿の復元案を極彩色で描いたものであった．イットルフ自身は給費留学生ではなかったが，この頃のエコール・デ・ボザールからのローマへの留学生はみな，古代建築の復元案をフランス本国へ報告しており，そうした留学生の復元案にも彩色したものが相次いだ．こうした状況に対して，1830年から本格的な論争が始まり，論争はヨーロッパ中に広まることになる．ドイツのゴットフリート・ゼンパー（Gottfried Semper, 1803-1879），イギリスのオウエン・ジョーンズ（Owen Jones, 1807-1874），そしてデンマークのゴットリーブ・ビンデスベル（Gottlieb Bindesbøll, 1800-1856）などが彩

色を支持して，ポリクロミーは定着していくのである．

こうした事情を背景として，イギリスやオランダなど，伝統的に煉瓦をよく用いてきた国で，煉瓦という材料の再評価が行われる．これは，古くから煉瓦は石に比べて安価な劣った材料とされてきたことに対する反動であり，ナショナリズムの勃興がこれを助長した．煉瓦は焼成温度によって色を変えるが，その色彩の多様性が表現に幅を与え，白い石材との併用によってその色彩がより効果的に用いられるようになった．煉瓦を積極的に用いた建築家の代表が，ウィリアム・バターフィールド(William Butterfield, 1814-1900)とジョージ・エドマンド・ストリート(George Edmund Street, 1824-1881)とリチャード・ノーマン・ショー(Richard Norman Shaw, 1831-1912)である．バターフィールドの代表作がロンドンのオール・セインツ教会堂(1849〜1859年)，ストリートの代表作がロンドンのセント・ジェイムズ・ザ・レス教会堂(1859〜1861年)，そしてショーの代表作がロンドンのニュー・スコットランド・ヤード(1887〜1888年，ロンドン警視庁)である(図5-23,24,25)．いずれも，煉瓦と石

図5-24 セント・ジェイムズ・ザ・レス教会堂
（ロンドン，1859〜1861年）

図5-23 オール・セインツ教会堂
（ロンドン，1849〜1859年）

図5-25 ニュー・スコットランド・ヤード
（ロンドン，1887〜1888年）

とを組み合わせた華やかな色彩をみせている．ついでながら，明治・大正期の日本によくみられる石と煉瓦を組み合わせた建築（いわゆる辰野式）も，こうした流れの産物といえる．

5.3 ゴシック・リヴァイヴァル

ルネサンス以降，ヨーロッパの建築は，常にギリシア・ローマの古典古代とルネサンスの古典主義系の建築を理想としてきた．ゴシックを代表とする中世の建築は，ゴシックという名前のもともとの意味が示す通り，野蛮なものとして長い間無視されてきたのである．しかし，ピクチュアレスクやロマンティシズムの美意識はゴシックを最もその美意識にかなうものとしてしばしば用いた．また，フランス革命期には多くの中世の教会堂が封建主義のシンボルとして破壊されたが，あまりの破壊行為（ヴァンダリズム）の酷さに対する反省も生まれ，中世の建築を歴史的・文化的な遺産とする見方が生じてくる．歴史的建造物の保存の思想と制度化がこのときに始まるのであるが，そのための中世建築の調査も始まる．

また一方，ゴシック建築に構造的な合理性や，精神的な倫理性をみる考え方が生まれてくる．ルネサンス以降の建築は，3.1節で述べたように，壁を装飾するだけの建築であったからである．ゴシック建築に構造的な合理性をみたのが，フランスのウジェーヌ・エマニュエル・ヴィオレ＝ル＝デュク（Eugène Emmanuel Viollet-le-Duc, 1814-1879）である．ゴシック建築は実際には特段に合理的な構造をもっていたわけではなかったが，彼はそうした見方に立ってフランスの多くの中世の建物を修復し，『フランス中世建築事典 Dictionnaire raisonné de l'architecture française du XIe au XVIe siècle』（全10巻）を始めとする膨大な著書を書いたので，彼の影響はフランスの内外に及んでいる．中世の建築に倫理性をみたのは，イギリスのジョン・ラスキン（John Ruskin, 1819-1900）とオーガスタス・ウェルビー・ノースモア・ピュージン（Augustus Welby Northmore Pugin, 1812-1852）である．ラスキンは建築家ではなく批評家・著作家であるが，『建築の七燈』（1849年）や『ヴェネツィアの石』（3巻本，1851～1853年）において，中世の建築における手仕事の誠実さを指摘し，大きな影響を与えた．ピュージンは熱烈なゴシック賛美者であり，古典系の建築は異教の建築で，ゴシックこそキリスト教徒の真の建築だとして『対比 Contrasts』（1836年）を始めとするたくさんの著書を書き，現実にゴシック様式の建物も設計した．

■ゴシック・リヴァイヴァルの代表例

こうした動きを背景にゴシック・リヴァイヴァルが波及していくのであるが，それはナショナリズムの台頭と軌を一にしていた．すなわち，ゲルマン系の国はゴシックこそ自分たちのアイデンティティを表現する建築だと考えたのである．そして教会堂はもちろん，国会議事堂や市庁舎などの公共建築に盛んにゴシックを採用した．

ゴシック・リヴァイヴァルによって建てられた建物のスタイルは，ネオ・ゴシック(「ネオ」は「新」の意味)と呼ばれるが，その代表的な作品をあげると，教会堂ではハインリッヒ・フォン・フェルステル(Heinrich von Ferstel, 1828-1883)によるウィーンのヴォティーフ・キルヘ(1856～1879年)と，ピュージンによるチードル(スタッフォードシャー)のセント・ジャイルズ教会堂(1841～1846年)と，フランツ・クリスチアン・ガウ(Franz Christian Gau, 1790-1853)とテオドール・バリュ(Théodore Ballu, 1817-1885)によるパリのサント・クロチルド教会堂(1846～1857年)となる(図5-26,27,28)．国会議事堂では，チャールズ・バリー(Charles Barry, 1795-1860)

図5-27　セント・ジャイルズ教会堂（チードル，イギリス，1841～1846年）

図5-26　ヴォティーフ・キルヘ（ウィーン，オーストリア，1856～1879年）

図5-28　サント・クロチルド教会堂（パリ，1846～1857年）

126──第5章　新古典主義と19世紀の建築

図5-29　イギリス国会議事堂(ロンドン，1836〜1868年)

図5-30　ハンガリー国会議事堂
　　　　(ブダペスト，1882〜1902年)

図5-31　ウィーン市庁舎
　　　　(オーストリア，1872〜1883年)

図5-32　マンチェスター市庁舎
　　　　(イギリス，1868〜1877年)

とピュージンによる「ビッグ・ベン」の愛称で名高い時計塔をもつイギリス国会議事堂(1836〜1868年)と，イムレ・シュタインデル(Imre Steindl, 1839-1903)によるハンガリー国会議事堂(1882〜1902年)があげられる(図5-29,30)．市庁舎では，フリードリッヒ・フォン・シュミット(Friedrich von Schmidt, 1825-1891)によるウィーンの市庁舎(1872〜1883年)と，アルフレッド・ウォーターハウス(Alfred Waterhouse, 1830-1905)によるマンチェスターの市庁舎(1868〜1877年)があげられる(図5-31,32)．

　ゴシック・リヴァイヴァルは，作品としては単にネオ・ゴシックの建築をつくりだしたにすぎないけれども，それが果たした

役割は大きい．まず，ゴシックを再評価することによって，古典系（クラシック）の建築が唯一絶対のものではないことになり，様式の価値を相対化したこと．次に，建築を合理性や倫理性と結び付けることによって近代運動につながったこと．特に，最初期の構造材としての鉄材はネオ・ゴシックの建物に用いられることが多かったから，鉄とガラスの建築の露払い的な役割を果たしている．それは，古典系の建築は壁つまりは面の建築であるのに対し，ゴシックは線の建築であるから，鉄材を柱や梁などに導入しやすかったからであろう．そして，歴史的な建物の保存運動の始まりと関わりがあること．つまり，アルプス以北のヨーロッパには古代の遺構がそれほどあるわけではなく，中世の遺構こそがその地の歴史的遺産であることに人々は気づいた．そして中世の遺構に国や民族の記憶が重ねられたのである．

5.4 ロマンティシズムと様式の相対化

ゴシック・リヴァイヴァルによって様式の価値が相対化されると，あらゆる様式が利用可能になる．19世紀は，過去の様式を着せ替え人形の衣装のようにして自在に使った．今日，それらは「ネオ（新）…」の建築と呼ばれる．すなわち，ゴシックの衣装を着せたものはネオ・ゴシック，ロマネスクのそれはネオ・ロマネスク，バロックのそれはネオ・バロック，さらにネオ・ルネサンス，ネオ・ギリシア，ネオ・ローマなどなどである．ときにはヨーロッパの過去にはなかった異国の様式も用いられた．エジプト，イスラム，インド，中国などの様式である．あるいは，エクレクティシズム（折衷主義）と呼ばれる同じ1つの建物にさまざまなスタイルを組み合わせたものも現れる．

こうした「ネオ…」と呼ばれるスタイルの盛行は，ロマンティシズムという精神的傾向を背景にしているとされる．ロマンティシズムは，合理性・現実性からの逃避と，隔たった時空間つまり過去と異国への憧憬とをその本質とするからである．そして，当時の人々にとって最もロマンティックな行為は，ゴシックの廃墟から漏れ来る月明かりを浴びつつ詩を吟唱してそぞろ歩くことだったという．

しかし，19世紀は時々の気分にまかせてでたらめに過去や異国のスタイルを用いたのではない．スタイルのもつ意味と，それを適用した建物の用途との関係に意を用いており，建物の用途によって用いられるスタイルがおよそ決まっていた．たとえば，銀行にはその永続性のイメージからクラシック系のスタイルが選ばれるのが通常であったし，劇場には華やかさを出すためにバロックが，クラブ建築には非日常性を演出するためにエジプトのスタイルが，そして大学にはそのルーツが修道院にあることや俗塵からの隔離という意味からかゴシックが採用されることが多かった．あるいは，同じ1つの建物の中でも，喫煙室にはイスラム建築のスタイルがしばしば用いられ，図書室や書斎にはゴシックのスタイルがよく用いられたのである．

■19世紀の建築の評価

かつては，19世紀は自らの時代の独自のスタイルをもたず，もっぱら過去や異国のスタイルを用いるのみの主体性のない時代とされたが，その実，みるべき点をたくさん有している．

1つは次節で述べる鉄とガラスの採用であるが，次に非常に多様化した建築の用途にたくみに応じたことである．18世紀までの建築の歴史は，ほぼ宗教施設と宮殿の歴史に終始しているが，この時代にはそれまでになかった用途の建物が出現する．すなわち，裁判所・美術館・博物館・劇場・コンサートホール・銀行・取引所・ホテル・病院・オフィスビル・デパートなどである．裁判所や美術館や劇場などは，かつては宮殿の中に含まれていたのであるが，市民階級の勃興とともにそれらが独立した施設となった．あるいは，これらに鉄道の駅舎とガラス天井付きの商店街（パッサージュとかガレリアという）をそれまでにまったくなかったすぐれて19世紀的なビルディング・タイプとしてあげることができるだろう．こうした建物に，19世紀はともかくも形を与えたのである．

もう1つ，19世紀には急激な人口増加と，その人口の都市集中がみられるが，必要な施設の急速な増大に対しても，この世紀は応えたのである．そのために施工機械や請負法にも大きな改良がみられた．それまでは，工事の段階ごとに別々の専門業者に発注されていたのが，一括請負のやりかたが登場し，そして総合建設業者（ゼネコン）が登場している．そうした改良を背景に建てられた建物には，巨大でモニュメンタルなものも多く，それらは今日のヨーロッパの大都市の中核施設を形成しているのである．

それから，やや特殊で周辺的なことがらになるかもしれないが，建築雑誌が登場したのも19世紀である．1840年代から1860年代にかけて欧米の諸国で建築の雑誌が出現しており，それは建築のありかたに大きな影響を及ぼしたと考えられるが，その影響の意味については，まだそれほど明確にはされていない．

■ネオ・バロック

さて，その実例であるが，グリーク・リヴァイヴァルの産物であるネオ・ギリシアについては5.1節で，そしてネオ・ゴシックについては前節で代表例をあげたので，それ以外の例をあげよう．まず，ネオ・バロックだが，シャルル・ガルニエ（Charles Garnier, 1825-1898）によるパリのオペラ座（1861〜1875年，現在はバスティーユの新しいオペラ座に対してオペラ・ガルニエと呼ばれている），ゴットフリート・ゼンパーによるウィーンのブルク劇場（1874〜1888年，実施はカール・ハーゼナウアー（Carl Hasenauer, 1833-1894）による），パウル・ヴァロット（Paul Wallot, 1841-1912）によるベルリンのドイツ帝国議会議事堂（1884〜1894年，現在もドイツ国会議事堂，1999年にノーマン・フォスターがガラスのドームを付け加えるなどして修改築），ジュゼッペ・サッコーニ（Giuseppe Sacconi, 1854-1905）によるローマのヴィットリオ・エマヌエレ2世記念堂（1884〜1911年）など，大作が多い（図5-33,34,35,36）．なかでもパリのオペラ座はいろいろな意味で，19世紀のヨーロッパを代表する建物といってよ

5.4 ロマンティシズムと様式の相対化——129

(a) 外　観

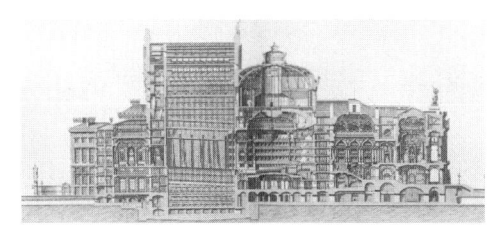

(c) 断面図

(b) 内　部

図5-33　オペラ座（パリ，1861～1875年）

図5-34　ウィーンのブルク劇場
　　　　（オーストリア，1874～1888年）

図5-36　ヴィットリオ・エマヌエレ2世記念堂
　　　　（ローマ，イタリア，1884～1911年）

図5-35　ドイツ帝国議会議事堂
　　　　（ベルリン，ドイツ，1884～1894年）

いであろう．ガルニエは，当時の西洋における建築教育の中心であったエコール・デ・ボザールで学び，若くして給費生としてローマへ留学し，帰国後当時最大のオペラ座のコンペに勝ち，15年をかけてこの作品をつくりあげているからである．ヴィットリオ・エマヌエレ2世記念堂は，1911年の竣

工で20世紀の作品ともみられるが，起工は1884年であり，現実にも典型的に19世紀的な建物である．これは，その名の通りイタリア統一の父ヴィットリオ・エマヌエレ2世を記念する国家的モニュメントであるが，当初のコンペではローマへ給費留学中のフランス人建築家ポール・アンリ・ネノ（Paul Henri Nénot, 1853-1934，シャルル・ガルニエの弟子，後にジュネーヴの国際連盟会館を中心になって設計）が1等をとってしまい，コンペをやり直してイタリア人建築家の案を選んだというエピソードを残している．

■**ネオ・ルネサンスとネオ・ロマネスク**

次にネオ・ルネサンスだが，これはそれほど例は多くない．イギリス国会議事堂を設計したチャールズ・バリーによるロンドンのトラヴェラーズ・クラブ（1830～1832年）とリフォーム・クラブ（1838～1840年）は，隣合わせに立つ建物であるがイタリア・ルネサンスのスタイルを用い，マルティン・ハッラー（Martin Haller, 1835-1925）によるハンブルグ市庁舎（1886～1897年）はドイツ・ルネサンスのスタイルを用いている（図5-37, 38）．

それからネオ・ロマネスクであるが，その代表例がポール・アバディー（Paul Abadie, 1812-1884）によるパリのサクレ・クール聖堂（1875～1919年）である（図5-39）．アバディーは実際のロマネスクの教会堂の修復家でもあり，修復で得た知識と経験をここに注ぎ込んでいる．もう1つは，イギリスのジョージ・エドマンド・ストリートがローマに設計して建てたセント・ポールズ・アメリカン・チャーチ（1873～1876年）である（図5-40）．これはゴ

図5-37　トラヴェラーズ・クラブ（左，1830～1832年）とリフォーム・クラブ（中央，1838～1840年）（ロンドン，イギリス）

図5-38　ハンブルグ市庁舎（ドイツ，1886～1897年）

図5-39　サクレ・クール聖堂（パリ，1875～1919年）

図5-40　セント・ポールズ・アメリカン・チャーチ（ローマ，1873〜1876年）

図5-41　トリニティー・チャーチ（ボストン，アメリカ，1872〜1877年）

図5-42　国立図書館（ミュンヘン，1831〜1840年）

シック的な要素もあるが，その内部はイタリアのロマネスクをよく反映している．また，アメリカの最初期の建築家ヘンリー・ホブソン・リチャードソン（Henry Hobson Richardson, 1838-1886）が，ボストンのトリニティー・チャーチ（1872〜1877年）など，多くの作品にロマネスクを採用している（図5-41）．

南ドイツのバイエルンでクレンツェと双璧をなしたフリードリッヒ・フォン・ゲルトナー（Friedrich von Gärtner, 1792-1847）によるミュンヘンの国立図書館（1831〜1840年）は，ロマネスク風でもあり，ルネサンス風でもあり，あるいは一種の合理性を追求した作品でもある（図5-42）．これは延々と連なる半円アーチ窓に特色があるが，これと似たような建物はたくさん建てられており，同時代にはこうしたスタイルの建物は「ルントボーゲンシュティール（半円アーチ様式）」と呼ばれている．

これと同じく，さまざまな要素が入り込んでエクレクティシズム的な様相を呈している大作に，ペトリュス・ヨセフュス・ヒュベルテュス・カイペルス（Petrus Josephus Hubertus Cuypers, 1827-1921）によるアムステルダムのレイクスムセウム

(国立博物館, 1877〜1885年)と, ジョゼフ・ペラエール (Joseph Poelaert, 1817-1879) によるブリュッセルの裁判所 (1866〜1883年) がある (図5-43,44). 前者はオランダのルネサンスを基調にロマネスクやゴシックを加味したもので, 後者は一応古典系の要素で統一されているが, 古代ギリシアやエジプトなどの要素も入り込んでいる. さらには, ジョゼフ・ボノミ (Joseph Bonomi, 1796-1878, 同名の建築家の父がいるが子のほう) はリーズの紡績工場テンプル・ミル (1842年) のファサードにエジプトのスタイルを採用し (図5-45), 明治の日本にもやって来たヘルマン・エンデ (Hermann Ende, 1829-1907) とヴィルヘルム・ベックマン (Wilhelm Böckmann, 1832-1902) の事務所が設計した1870年代のベルリンの動物園の園舎には東洋趣味もみられる. そして, エンデとベックマンの設計ではないが, その動物園の門 (1899年) は中国風 (もしくは日本風) である (図5-46).

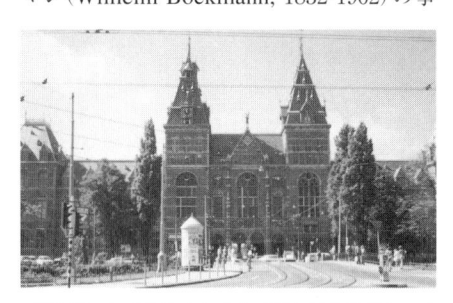

図5-43　レイクスムセウム (アムステルダム, オランダ, 1877〜1885年)

図5-45　テンプル・ミル (リーズ, イギリス, 1842年)

図5-44　ブリュッセルの裁判所 (ベルギー, 1866〜1883年)

図5-46　ベルリンの動物園の門 (ドイツ, 1899年)

5.5 鉄とガラス

前節でも述べたが，19世紀の建築が後世に残した最も大きな貢献は，やはり鉄とガラスの建築をつくり出したことといえる．釘や鎹やダボなどの緊結材・補助材としての鉄の使用は古代からあったが，柱や梁の構造材としての使用は19世紀以降のことである．また，ガラスの窓もポンペイの発掘で知られているように古代から存在したし，ゴシックの教会堂にはステンドグラスが広範に使用されている．しかし，それらよりはるかに透光性の増した無色透明の板ガラスは19世紀の産物である．そして19世紀は，この2つの材料を組み合わせて，それまでにない新しい空間を生み出したのである．

■最初期の鉄の使用

構造材としての鉄の使用は，橋梁から始まった．その記念すべき最初の例が，1779年にイギリスのシュロップシャーに設けられたコールブルックデイル橋である（図5-47）．建築には，教会堂，鉄道駅舎，市場，図書館などスパン（径間）を長く架け渡して広いスペースが必要な建物によく用いられた．その早期の例が，1818年に竣工したリヴァプール近くのエヴァートンのセント・ジョージ教会堂で，設計は5.2節で登場したトーマス・リックマンである（図5-48）．これに続く作品が，1854年竣工のパリ9区のサン・トゥジェーヌ教会堂で，設計はルイ・オーギュスト・ボワロー（Louis Auguste Boileau, 1812-1896）である（図5-49）．

19世紀の半ばから登場した鉄道駅舎の外観には，ゲートという意味でアテネのアクロポリスのプロピュライアが模倣されたり，あるいはゴシックが用いられたりしたが，そのコンコースにはたいてい鉄の柱・梁と大きなガラスのトップライトが用いられて

図5-47　コールブルックデイル橋
　　　　（シュロップシャー，イギリス，1779年）

図5-48　セント・ジョージ教会堂
　　　　（エヴァートン，イギリス，1818年）

いる．代表的な例としては，フランソワ・アレクサンドル・デュケネー（François Alexandre Duquesney, 1790-1849）設計のパリのガール・ド・レスト（東駅，1847～1852年），5.2節に登場したイットルフ設計のパリのガール・デュ・ノール（北駅，1861-1865年），ルイス・キュービット（Lewis Cubitt, 1799-1883）設計のロンドンのキングズ・クロス駅（1850～1852年），ジョン・ドブソン（John Dobson, 1787-1865）設計のニューカッスルのセントラル・ステーション（1850年），そして主として鉄道土木技術者ウィリアム・ヘンリー・バーロウ（William Henry Barlow, 1812-1902）が設計して建てたロンドンのセント・パンクラス駅のプラットフォーム（1864-1868年）があげられる（図5-50,51,52,53）．

図5-49　サン・トゥジェーヌ教会堂
　　　　（パリ，1854年）

図5-50　ガール・ド・レスト
　　　　（パリ，1847～1852年）

図5-51　ガール・デュ・ノール
　　　　（パリ，1861～1865年）

図5-52　キングズ・クロス駅
　　　　（ロンドン，1850～1852年）

図5-53　セントラル・ステーション
　　　　（ニューカッスル，イギリス，1850年）

市場の例としては、ヴィクトル・バルタール (Victor Baltard, 1805-1874) 設計のパリの中央市場（レ・アール、1853年起工）が名高いが、これは1973年に惜しくも取り壊された（その部材の一部が横浜に運ばれて来てフランス山公園に据えられ、「バルタール・パヴィリオン」と名付けられて一種のフォリーとして現存）(**図5-54**). 図書館の代表例は、パリのサント・ジュヌヴィエーヴ図書館 (1843～1850年) と国立図書館 (1859～1867年、1995年にドミニク・ペロー設計の新館が別の場所にできてからは、所在地の名をとってリシュリュー館と呼ばれている)(**図5-55,56**). どちらもアンリ・ラブルースト (Henri Labrouste, 1801-1875) の設計になるもので、外観はクラシックだが、内部に華麗な鉄の柱と梁がみられる．

図5-54 中央市場
　　　（パリ、1853年起工、1973年取り壊し）

図5-55 サント・ジュヌヴィエーヴ図書館
　　　（パリ、1843～1850年）

図5-56 国立図書館（パリ、1869～1867年）

■温室と万国博覧会

以上にあげたものは、いずれも広く明るい内部空間を確保するために、内部の構造に鉄が用いられた例であった．もちろん、その結果として組積造ではありえない広大な開口部とか、連続する幅の広い窓とかが外観に現れていて、それまでの建物とはやや異なる外観を呈していたとはいえ、外観全体はやはりさまざまな過去のスタイルで装われていた．

しかし、ほとんど鉄とガラスだけでつくられ、かつてはまったく存在しなかった新しい空間を出現させ、後の時代に決定的な影響を及ぼした種類の建物がある．温室がそれである．そして、温室の建設を革命的に推進したのが、庭園師から出発した技術者ジョゼフ・パックストン (Joseph Paxton, 1803-1865) である．彼は、1840年、ダービーシャーのチャッツワースに幅37m、長さ84m、高さ20mの大温室（グレイト・コンサーヴァトリー、1920年に取り壊し）を建てた(**図5-57**). これは当時最大のガラスの建築であったが、その経験によって、パックストンは1851年の世界最初の万国博覧会の会場「クリスタル・パレス（水晶宮）」の

建設を託されるのである(図5-58). これは幅124m, 全長563mからなる巨大な鉄とガラスの建築であった. しかし, 基本的には温室の拡大版といえる. これは博覧会終了後, 移築されて存続していたが, 1936年に焼失した. パックストンの大作はいずれも現存しないが, その雄姿を少ししのばせるのが, ロンドン西郊のキュー・ガーデンにあるパーム・ハウスである(図5-59).

これは1848年に完成したもので, 建築家のデシマス・バートン(Decimus Burton, 1800-1881)とエンジニアのリチャード・ターナー(Richard Turner, 1798-1881)の作品である.

上の記述からも推測されるであろうように, 鉄とガラスの建築は建築家よりも技術者が発展させている. そして, その技術者による最終的な成果品が, 1889年のパリの博覧会に登場する. エッフェル塔と機械館である(図5-60,61). 300mの高さをもつ前者はエンジニアのギュスターヴ・エッフェル(Gustave Eiffel, 1832-1923)が建てたもので, ポンピドー・センターが現れるまで, ずっとパリで最も多くの観光客を集め続けた施設であった. 現在もなお, パ

図5-57　チャッツワースの大温室
　　　　（イギリス, 1840年, 1920年取り壊し）

図5-58　クリスタル・パレス
　　　　（ロンドン, 1851年, 1936年焼失）

図5-59　キュー・ガーデンのパーム・ハウス
　　　　（ロンドン郊外, 1848年）

図5-60　エッフェル塔（パリ, 1889年）

リのシンボル的存在として健在．後者の機械館は，エンジニアのヴィクトル・コンタマン（Victor Contamin, 1840-1893）と建築家のシャルル・ルイ・フェルディナン・デュテール（Charles Louis Ferdinand Dutert, 1845-1906）による作品で，1910年に取り壊されたが，115mのスパンを有していた．

組積造では40数メートルのスパンを超えられなかった人類が，ここに始めて100mを超えるスパンを軽々と架け渡したのである．エッフェル塔と機械館は，ルネサンス以降連綿と続いてきた造形的操作としての建築に対して，技術が高らかに勝利宣言した証左としてあるのである．

図5-61　機械館（パリ，1889年，1910年取り壊し）

● 演習問題

1. 19世紀の建築の今日的意味について論じなさい．
2. 新古典主義とはなにか，説明しなさい．
3. 建築にとってピクチュアレスクとはなにか，その起源はどこにあるかを示し，その美意識に則った代表的な作品をあげなさい．
4. ゴシック・リヴァイヴァルがなぜ起こったか，その精神的背景はなにかについて述べなさい．
5. 様式の相対化が建築にもたらした現象を，具体的な例をあげて説明しなさい．
6. 鉄とガラスが建築に与えた影響について論じなさい．

図 版 出 典

以下に記すもの以外の写真は，すべて筆者撮影による．

- Robert Auzelle, "Dernières demeures" chez l'auteur, 1965. ［図 1-1］
- W. Stevenson Smith, "The art and architecture of ancient Egypt" Penguin Books, 1958. ［図 1-3］
- Sir Banister Fletcher, "A history of architecture on the comparative method, 17th edition" The Athlone Press, 1961. ［図 1-5, 20; 2-22, 25, 28, 50; 3-18, 23; 4-7(b), 13(a), 40, 49, 51(b), 55; 5-20, 25, 32］
- F. M. Simpson, "A history of architectural development, vol.1" Longmans, Green, and Co., 1921-1922. ［図 1-6, 33, 38(a), 38(b), 39(a), 45, 50, 53(a); 2-6, 9(a), 10(a), 14(a), 23, 33(a), 34(a); 4-12(a), 51(a)］
- Henri Frankfort, "The art and architecture of the ancient Orient" Penguin Books, 1954. ［図 1-9, 10, 11, 13(a)〜(c)］
- "Encyclopedia of world art" Mcgraw-hill Book, 1959-1968. ［図 1-12(a), 14, 44］
- S. Lloyd, H.W. Muller, R. Martin, "Ancient architecture, Mesopotamia, Egypt, Crete, Greece" Harry N. Abrams, Inc., 1972. ［図 1-12(b), 12(c), 15(a), 15(b)］
- William Bell Dinsmoor, "The architecture of ancient Greece" W.W. Norton & Company, 1975. ［図 1-18］
- James Stevens Curl, "Classical architecture" B. T. Batsford, 1992. ［図 1-19］
- A. W. Lawrence, "Greek architecture" Penguin Books, 1957. ［図 1-21, 46］
- C. A. Doxiadis, "Architectural Space in ancient Greece" The MIT Press, 1972. ［図 1-22］
- William J. Anderson, "The architecture of ancient Rome" B. T. Batsford, 1927. ［図 1-34, 35, 36, 37］
- Axel Boëthius & J. B. Ward-Perkins, "Etruscan and Roman architecture" Penguin Books, 1970. ［図 1-31］
- Robert Adam, "Classical architecture" Harry N. Abrams, Inc., 1990. ［図 1-47; 3-8］
- E. E. Viollet-le-Duc, "Dictionnaire raisonné de l'architecture française du XIe au XVIe siècle" Ernest Gründ, s.d. ［図 1-51］
- Rowland J. Mainstone, "Hagia Sophia" Thames and Hudson, 1988. ［図 1-52(a), 52(b)］
- Russell Sturgis, "A dictionary of architecture and building" Macmillan and Co., 1901-1902. ［図 2-7］
- Kenneth John Conant, "Carolingian and Romanesque architecture 800-1200" Penguin Books, 1959. ［図 2-3, 10(b), 21(a)］
- Geoffrey Webb, "Architecture in Britain, the middle ages" Penguin Books, 1956. ［図 2-36(a), 37］
- Doreen Yarwood, "The architecture of England" B. T. Batsford, 1963. ［図 2-40, 46, 47, 51］

- Ludwig H. Heydenreich and Wolfgang Lotz, "Architecture in Italy 1400 to 1600" Penguin Books, 1974. [図 3-1(b), 4(a), 5(b), 10(a)]
- James S. Ackerman, "The architecture of Michelangelo" The Viking Press, 1961 [図 3-10(b), 11, 12(b), 12(c)]
- Franco Borsi, "Bernini" Rizzoli,1984. [図 3-21]
- Rudolf Wittkower, "Art and architecture in Italy 1600 to 1750" Penguin Books, 1958. [図 3-22, 24(a)]
- Ernest de Ganay, "André Le Nostre 1613-1700" Vincent, Fréal & Cie,1962. [図 4-10, 11(b)]
- Jean-Marie Pérouse de Montclos, "Histoire de l'architecture française de la Renaissance là a Révolution" Mengès,1989. [図 4-11(c), 13(b), 14, 69, 70(b)]
- Michel Gallet et Yves Bottineau, "Les Gabriel" Picard, 1982. [図 4-13(d)]
- John Musgrove ed., "Sir Banister Fletcher's A history of architecture, 19th edition" Butterworths, 1987. [図 4-24, 48, 57, 58; 5-12(a), 18, 45, 48, 53]
- George Kubler & Martin Soria, "Art and architecture in Spain and Portugal" Penguin Books, 1959. [図 4-26, 28, 29]
- "Macmillan Ebcyclopedia of Architects" The Free Press, 1982. [図 4-27, 37, 60]
- Germain Bazin, "Paradeisos ou l'art du jardin" Chêne, 1988. [図 4-61]
- Robert Ducher, "Caractéristique des styles" Flammarion, 1944. [図 4-68]
- Laugier, "Essai sur l'architecture" Paris, 1755. (republished in 1966, by Gregg Press Limited) [図 5-1]
- C. N. Ledoux, "L'architecture considérée sous le rapport de l'art, des moeurs et de la législation" Paris, 1804. (reprinted in 1981, by Verlag Dr, Alfons Uhl) [図 5-2]
- Helen Rosenau, "Boulée & visionary architecture", Academy Editions, 1974 [図 5-4]
- J. N. L. Durand, "Précis des leçons d'architecture donées a l'école royale polytechnique" Paris, 1819. (reprinted in 1985 by Verlag Dr, Alfons Uhl) [図 5-5]
- "John Soane, la rêve de l'architecture" Gallimard, 2001. [図 5-11, 12(b)]
- Claude Mignot, "L'architecture au XIXe siècle" Office du Livre, 1983. [図 5-15, 23, 24, 27, 28, 49, 52, 61]
- Henry-Russel Hitchcock, "Architecture 19th and 20th centuries" Penguin Books, 1958. [図 5-19, 21, 37]
- Christpher Curtis Mead, "Charles Garnier's Paris Opera" The MIT Press, 1991. [図 5-33(c)]
- Derek Walker, "Great Engineers" Academy Editions, 1987. [図 5-47]
- Bertrand Lemoine, "La France du XIXe siècle" Editions de La Martinière, 1993. [図 5-54]
- George F. Chadwick, "The works of Sir Joseph Paxton 1803-1865" The architectural Press, 1961. [図 5-57, 58]
- Peter Gössel & Gabriele Leuthäuser, "Architecture in the 20th century" Taschen, 1991. [図 5-59]

140──西洋建築史概略年表

西洋建築史概略年表

（注意）実線・アミかけの矢印は影響関係を示すが、破線は漠然とした影響を示す。

年代		エーゲ海	古代エジプト	メソポタミア		
3000			ギザのピラミッド	ハファジャの楕円形神殿		
2000			メントゥホテプII世葬祭神殿	テル・アスマルの遺跡 ウルのジッグラト	ヒッタイト	ヨーロッパ前史
	古	クノッソスの宮殿	ハトシェプスト女王葬祭神殿 アンモン神殿 コンス神殿	ボアズキョイの遺跡	アッシリア	
1000	代	ミュケナイの獅子門 アトレウスの宝庫		ニムルドの遺跡 コルサバードの遺跡	新バビロニア	
		古代ギリシア		バビロンの遺跡	ペルシア	
		パエストゥムのバシリカ／ポセイドン神殿／ケレス神殿 アテナ・ニケ神殿／エレクティオン／パルテノン／プロピュライア ゼウス・オリンピア神殿／アテナの風の塔			ペルセポリスの宮殿	
紀元前0		古代ローマ	ポン・デュ・ガール／メゾン・カレ			
紀元後		コロセウム／トライアヌスの円柱 ルム／パンテオン／セプティミウス・セヴェルスの凱旋 門／カラカラの浴場／ディオクレティアヌスの浴場	ベトラのカズネ	古典古代		ヨーロッパ周辺史
		初期キリスト教	ビザンチン	イタリア	フランス	ドイツ・オーストリア	イギリス	ヨーロッパ他	
500		サン・ヴィターレ						サンクト・ガレンの修道院	クテシフォンの宮殿
						アーヘンの宮廷礼拝堂			ビザンチン
	中	ロマネスク		ピサ大聖堂	ラ・トリニテ修道院教会 サン・セルナン聖堂	サンクト・ミヒャエル大聖堂 シュパイヤー大聖堂	ダラム大聖堂	サン・マルコ	後期ビザンチン
1000					院教会堂 サン・セルナン聖堂 ノートルダム・ラ・グ ラン聖堂				イスラム
1100		ゴシック		サン・ドニ大聖堂 ランス大聖堂 シャルトル大聖堂 ランス大聖堂	マリハ・ラーハ聖堂		イーリ大聖堂 リンカーン大聖堂		コルドバの大モスク
1200	世		シエナ市庁舎		ウォルムス大聖堂 ケルン大聖堂		ソールズベリー大聖堂 ヨーク大聖堂		
1300				アミアン大聖堂	ウルム大聖堂			ブリュッセル市庁舎	アルハンブラ宮殿

西洋建築史概略年表──141

年代	イタリア	フランス	ドイツ・オーストリア	イギリス	ヨーロッパ他	ヨーロッパ周辺
1300						
1400	フィレンツェ大聖堂のドーム オスペダーレ・デリ・インノチェンティ パッツィ家礼拝堂 サント・スピリト聖堂 サンタンドレア教会	ジャック・クール邸			セヴィリヤ大聖堂	
1500	テンピエット メディチ家礼拝堂 ビブリオテカ・ラウレンツィアーナ パラッツォ・マッシモ・アッレ・コロンネ パラッツォ・デル・テ テアトロ・オリンピコ	ブロワの城館 アゼ・ル・リドーの城館 シュノンソーの城館 シャンボールの城館 アネの城館 ルーヴル宮	サンクト・マルティン聖堂 ハイデルベルクの城館	キングスカレッジのチャペル ロングリート・ハウス	サラマンカ大学 カルロス5世宮 セヴィリヤ市庁舎 グラナダ大聖堂 アルカラ・デ・エナレス大学 エル・エスコリアル	ツラガツェジュスヌキー大聖堂 スレイマン1世のモスク
1600	サン・ピエトロ大聖堂のドーム サン・カルロ・アッレ・クアトロ・フォンターネ聖堂 サピエンツァ聖堂 サンタンドレア・アル・クイリナーレ スカラ・レジア	ロワの城館 シャトー・メゾン・ラフィット ヴォー・ル・ヴィコント の邸館 ヴェルサイユ宮	アンシャフェンブルグの城館 ニュルンベルク市庁舎 シェーンブルン宮 メルクの修道院	クイーンズ・ハウス バンケッティング・ハウス ロイヤル・ホスピタル ハンプトン・コート宮 セント・ポール大聖堂	ハードウィック・ホール マドリッツンハウス アムステルダム市庁舎 ドロットニングホルム宮	聖バシリ レイデン大学 スルタン・アフメト1世のモスク タージ・マハル
1700	パラッツォ・マダマ パラッツォ・ディ・シューニーロマ シュペール礼拝堂	アンヴァリッド オテル・ド・スビーズ オテル・ド・マティニョ コンコルド広場 パンテオン アルケ・スナンの王立製塩所	ツヴィンガー宮 カールスキルヒェ ベルヴェデーレ宮 ヴェルテンブルク ヴィエッツェンハイリ ゲン オットー・ボイレン フィアツェーン・ハイリゲン	プレニム宮 セント・マーティン・イン・ザ・フィールズ教会 ティーリズハウス ラドクリフ・カメラ ホリカースルとロイヤル・クレセント サマセット・ハウス	サン・エステバン聖堂 ストラホルムの王宮 オスペダーレ・デ・サン・フェルナンド カルトハのアレナス マドリードの王宮 ストロガノフ・ポーロ アマリエンボー宮 サンクト・ペテルブルク	
1800	エトワールの凱旋門 ラ・マドレーヌ会堂 サント・ジュヌヴィエーヌ図書館 オペラ座 サクレクール大聖堂 エッフェル塔	ブランデンブルク門 グリュプトテーク アルテス・ムゼウム ヴォティーフ教会 ウィーン市庁舎 ウィーンのブルク劇場 ドイツ帝国議会議事堂	インクランド銀行 フォントヒル・アベイ ブリティッシュ・ミュージアム イギリス国会議事堂 ニュー・スコットランドヤード	の冬宮 エカチェリーナ宮殿 サンクト・ペテルブルクの美術アカデミー ブリュッセルの裁判所 レイクスムゼウム ハンガリー国会議事堂	

ルネサンス	マニエリスム	バロック(ロココ) 新古典主義・ゴシックリヴァイヴァル
近世		

索 引

〈あ 行〉

アイグドヴェズ，ニコライ ………… 109
アウグスブルクの市庁舎 ……………… 98
アーキトレーヴ ………………………… 26
アクロポリス ……………… 14, 17, 119, 133
アゴラ …………………………………… 14, 17
アザム兄弟
　　――，エーギット・クヴィリン …… 100
　　――，コスマス・ダミアン ………… 100
アゼ・ル・リドーの城館 ……………… 83
アダム，ロバート ……………………… 105
アーチ ………………………………… 33, 34
アッシャフェンブルクの城館 ……… 92, 97
アテネ
　　アテナ・ニケ神殿 …………………… 17
　　エレクテイオン ……………………… 17
　　風の塔 ………………………………… 19
　　ゼウス・オリンピオス神殿 ………… 17
　　パルテノン ……………… 17, 18, 122
　　プロピュライア ……… 17, 119, 133
　　ヘファイストス神殿 ………………… 17
　　リュシクラテスの合唱隊記念碑 …… 18
アトリウム ……………………………… 28
アネの城館 ……………………………… 84
アバクス ………………………………… 26
アバディー，ポール …………………… 130
アプス …………………………………… 44
アーヘンの宮廷礼拝堂 ………………… 37
アミアン大聖堂 ………………………… 51
アムステルダム
　　市庁舎 ………………………………… 92
　　レイクスムセウム（国立博物館）… 131
アラベスク ……………………………… 33
アリス …………………………………… 26
アルカラ・デ・エナレス大学 ………… 94
アルケ・スナンの王立製塩所 ………… 115
アルドアン＝マンサール，ジュール … 88
アルベルティ，
　　レオン・バッティスタ ………… 68, 82

アングレーム大聖堂 …………………… 44
アントワープ市庁舎 …………………… 91
アンフィラード ……………………… 110
イオニア式 ……………… 14, 17, 26, 27
イギリス式庭園 ……………………… 104
イスタンブール（コンスタンティノポリス）
　　スルタン・アフメトⅠ世のモスク … 33, 35
　　スレイマンⅠ世のモスク ………… 33, 35
　　ハギア・ソフィア ………… 30, 33, 35
　　ブルー・モスク ……………………… 35
イスラム ………………………………… 32
イスラム建築 ………………… 32, 33, 37
イットルフ，
　　ジャック・イニャス ………… 122, 134
イーリ大聖堂 …………………………… 55
イル・ロッソ …………………………… 83
イン・アンティス ……………………… 14
インスラ ………………………………… 21
ヴァザーリ，ジョルジョ ……………… 65
ヴァラン＝ド＝ラ＝モット，
　　ジャン・バティスト・ミシェル …… 107
ヴァルハラ …………………………… 119
ヴァロット，パウル ………………… 128
ヴァンブラ，ジョン ……………… 103, 104
ヴィオレ＝ル＝デュク，
　　ウジェーヌ・エマニュエル ……… 124
ヴィチェンツァ
　　ヴィラ・カプラ ……………………… 75
　　テアトロ・オリンピコ ……………… 75
　　パラッツォ・キエリカーティ ……… 75
ウィトルウィウス ……………… 16, 26, 69
ヴィニョーラ，
　　ジャコモ・バロッツィ・ダ ……… 74, 82
ヴィニョン，
　　ピエール・アレクサンドル ……… 117
ヴィラ …………………………………… 68
ウィルトシャー
　　フォントヒル・アベイ …………… 120
　　ロングリート・ハウス …………… 102
ウィーン

索引——143

ヴォティーフ・キルヘ ……………… 125
カールスキルヒェ（聖カルロ教会堂）
　　　　…………………………………… 99
　シェーンブルン宮 ……………… 99, 101
　市庁舎 ………………………………… 126
　ブルク劇場 …………………………… 128
　ベルヴェデーレ宮 ……………… 99, 101
　　ウンテレス・ベルヴェデーレ …… 99
　　オーベレス・ベルヴェデーレ …… 99
ヴィンケルマン，ヨハン・ヨアヒム … 113
ウェッブ，ジョン ……………………… 102
ヴェネチア
　サン・マルコ ………………………… 31
　サン・マルコ広場 …………………… 60
　パラッツォ・ドゥカーレ …………… 60
ヴェルサイユ宮 … 86, 88, 104, 107, 109, 121
　アモー …………………………… 90, 121
　オペラ劇場 …………………………… 88
　鏡の間 ………………………………… 88
　グラン・トリアノン ………………… 88
　プティ・トリアノン ………………… 90
　礼拝堂 ………………………………… 88
ヴェルテンブルクのベネディクト会
　修道院教会堂 ………………………… 100
ヴェルフリン，ハインリッヒ ………… 81
ウォーターハウス，アルフレッド …… 126
ウォラトン・ホール …………………… 102
ヴォリュート …………………………… 26
ヴォー・ル・ヴィコントの邸館 ……… 88
ヴォールト
　………… 3, 9, 22, 33, 38, 40, 48-50, 55, 57
　クロス・ヴォールト ………………… 40
　交差ヴォールト …………… 22, 40, 41, 48
　トンネル・ヴォールト ……… 22, 40, 41
　四分ヴォールト ……………………… 45
　リブ・ヴォールト …………………… 48
　六分ヴォールト ……………………… 45
ヴォルフ，ヤコプ（子） ……………… 97
ヴォルフ，ヤコプ（父） ……………… 97
ウォルポール，ホレス ………………… 120
ヴォルムス大聖堂 ……………………… 41
ヴォロニキン，
　アンドレイ・ニキフォロヴィッチ … 108

内転び …………………………………… 5
ウッド，ジョン（子） …………… 104, 105
ウッド，ジョン（父） …………… 104, 105
ヴュルツブルクのレジデンツ ………… 99
ウルタド，フランシスコ ……………… 95
ウルのジッグラト ……………………… 9
ウルム大聖堂 …………………………… 57
エキナス ………………………………… 26
エクレクティシズム（折衷主義） … 127, 131
エコール・デ・ボザール …… 91, 122, 129
エッフェル，ギュスターヴ …………… 136
エディンバラの王立ハイスクール …… 117
エピダウロスの劇場 …………………… 18
エレーラ，ホアン・デ ………………… 93
エンタブレチュア ………………… 25, 26, 72
エンデ，ヘルマン ……………………… 132
オスピシオ・デ・サン・フェルナンド … 95
オーダー …… 14, 23, 25-27, 67, 68, 72, 91, 94
オータン大聖堂 ………………………… 42
オットーボイレンのベネディクト会
　修道院教会堂 ………………………… 100
オップノール，ジル=マリ …………… 111
オランダ破風 ……………………… 91, 97
オルトスタット ………………………… 9

〈か 行〉

カイペルス，ペトリュス・ヨセフュス・
　ヒュベルテュス ……………………… 131
カイロ
　ギザのピラミッド …………………… 6
　サッカラの階段状ピラミッド ……… 5
　スルタン・ハッサンのモスク ……… 33
ガウ，フランツ・クリスチアン ……… 125
カザコフ，マチュフェイ・
　フョードロヴィッチ ………………… 108
カサス，フェルナンド・デ …………… 95
カースル・ハワードのマウソレウム … 104
河川管理人の家 ………………………… 115
カタコンベ ……………………………… 27
語る建築 ………………………………… 115
カーナヴォン城 ………………………… 59
ガブリエル，アンジュ・ジャック … 88, 90
カメロン，チャールズ ………………… 107

カルカソンヌ ………………………… 59
カルナック
　アンモン神殿 ……………………… 7
　コンス神殿 ………………………… 7
ガルニエ，シャルル ……………… 128, 130
ガレリア ……………………………… 128
カーン
　サン・テティエンヌ ……………… 45
　サン・ピエール聖堂 ……………… 50
　ラ・トリニテ ……………………… 45
岩窟墓 ………………………………… 6
カントリー・ハウス ………………… 59
カンペン，ヤコプ・ファン ………… 92
ギブズ，ジェイムズ ………………… 105
キブラ壁 ……………………………… 33
キャンベル，コリン ………………… 105
キュヴィエー，フランソワ …… 101, 111
キュービット，ルイス ……………… 134
グァリーニ，グァリノ ……………… 80
クアレンギ，ジャコモ ……………… 107
グウリッチ・カースル ……………… 120
クテシフォンの宮殿 ………………… 12
クノッソスの宮殿 …………………… 13
クノーベルスドルフ，
　ゲオルク・フォン ………………… 101
グラナダ
　アルハンブラ宮殿 ………………… 35
　カルトハの聖具室 ………………… 95
　カルロス5世宮 …………………… 93
　グラナダ大聖堂 …………………… 94
クリアストーリー …………………… 50
繰形 …………………………………… 3
グリーク・リヴァイヴァル
　………………… 113, 117, 119, 128
グリニッジ
　クイーンズ・ハウス ……………… 102
　ロイヤル・ホスピタル …………… 103
クリュニー修道院 …………………… 42
クールトンヌ，ジャン ……………… 111
クレンツェ，レオ・フォン … 118, 119, 131
グロッタ ……………………………… 77
クロンクヒル ………………………… 121
ゲオルク・スタイル ………………… 107

ゲルトナー，
　フリードリッヒ・フォン ………… 131
ケルン大聖堂 ………………………… 57
ケント，ウィリアム ………………… 104
ケンブリッジ
　キングズ・カレッジ ……………… 50
　セント・ジョンズ・カレッジの
　　ニューコート …………………… 121
後期ビザンチン ……………………… 31
腰折れ屋根 …………………………… 86
ゴシック
　…… 28, 40, 44, 45, 48-51, 54, 57, 58, 76, 91,
　96, 97, 102, 120, 124, 126, 127, 130, 132, 133
ゴシック・リヴァイヴァル
　………………… 122, 124, 126, 127
コーニス（軒蛇腹）………………… 68
コペンハーゲン
　アマリエンボー宮殿 ……………… 109
　フォル・フルーエ教会堂 ………… 109
　フレデリック5世礼拝堂 ………… 109
コリント式 ………………… 14, 17, 18, 26, 27
コルサバード ………………………… 9
コルティーレ ………………………… 68
コルトナ，ドメニコ・ダ …………… 83
コルドバの大モスク ………………… 35
フロリス，コルネリス ……………… 91
コールブルックデイル橋 …………… 133
コロネード（列柱廊）…………… 86, 90
コンタマン，ヴィクトル …………… 137
コンポジット式 …………………… 23, 27

〈さ　行〉

ザカロフ，
　アドリアン・ドミトリエヴィッチ … 108
サクソン・チャーチ ………………… 37
サケッティ，
　ジョヴァンニ・バッティスタ …… 96
サッコーニ，ジュゼッペ …………… 128
サラマンカ
　サラマンカ大学 …………………… 94
　サン・エステバン聖堂 …………… 95
ザンクト・ガレンの修道院 ………… 37
サンクトペテルブルク

エカチェリーナ宮殿 ················ 108
　　科学アカデミー ···················· 108
　　参謀本部 ·························· 108
　　新海軍省 ·························· 108
　　美術アカデミー ···················· 108
　　冬宮 ······························ 108
ザンクト・マルティン聖堂 ············· 57
サン・スーシ ························ 101
サン・セルナン聖堂 ··················· 44
サンチャゴ・デ・コンポステーラ大聖堂
　································· 95
サン・ドニ大聖堂 ·············· 48, 49, 51
サン・フロン聖堂 ····················· 44
シエナ
　　カンポ広場 ························ 60
　　市庁舎 ···························· 60
ジッグラト ···························· 9
シナン ······························· 35
シノワズリー ··················· 106, 110
ジャック・クール邸 ··················· 62
シャルグラン，ジャン・フランソワ ··· 116
シャルトル大聖堂 ····················· 51
シャンボールの城館 ··················· 83
集中式 ························ 28, 29, 68
周歩廊 ······························ 40
シュタインデル，イムレ ············· 126
シュノンソーの城館 ··············· 83, 84
シュパイヤー大聖堂 ··············· 40, 41
シュミット，フリードリッヒ・フォン
　································ 126
シュムメトリア ······················· 25
初期イギリス式 ······················· 55
初期キリスト教建築 ··················· 27
ショー，リチャード・ノーマン ······· 123
ジョーンズ，イニゴー ··············· 102
ジョーンズ，オウエン ··············· 122
ジリー，フリードリッヒ ········ 118, 119
シンケル，カール・フリードリッヒ ··· 118
新古典主義（ネオ・クラシシズム） ····· 113
神室（ケラ） ·························· 18
身廊（ネイヴ） ························ 40
垂直式（パーペンディキュラー） ······· 55
スカモッツィ，ヴィンチェンツォ

　···························· 82, 92, 102
スキンチ ····························· 29
スタラクタイト ······················· 33
スタロフ，イワン・エゴロヴィッチ ··· 108
スチュアート，ジェイムズ ······· 114, 122
ステンドグラス ··················· 49, 50
ストア ······························ 14
ストックホルム
　　王宮 ····························· 109
　　ドロットニングホルム宮 ·········· 109
　　リッダーフーセット ·············· 108
ストリート，ジョージ・エドマンド
　··· 123, 130
スフィンクス ·························· 6
スフロ，ジャック＝ジェルマン ········ 90
スマーク，ロバート ················· 117
スミッソン，ロバート ··············· 102
セヴィリャ
　　市庁舎 ··························· 94
　　セヴィリャ大聖堂 ················· 58
セルリオ，セバスティアーノ ·········· 82
尖頭アーチ ··························· 48
セント・ジャイルズ教会 ············· 125
セント・ジョージ教会堂 ············· 133
セント・スティーブン教会堂 ········· 103
ゼンパー，ゴットフリート ······ 122, 128
装飾式（デコレイテッド） ·············· 55
側廊（アイル） ························ 40
外転び ······························· 5
袖廊（トランセプト） ·················· 40
ソールズベリー大聖堂 ················· 55
ソーン，ジョン ····················· 117

〈た　行〉

大アーケード ························ 50
大オーダー ··················· 72, 86, 90
タージ・マハル ······················· 35
多柱室 ······························· 6
ターナー，リチャード ··············· 136
束ね柱 ······························ 49
ダービーシャー
　　ケドルストン・ホール ············ 106
　　チャッツワースの大温室 ·········· 135

ハードウィック・ホール ……………… 102
ダラム大聖堂 …………………………… 45
チェンバーズ，ウィリアム ……… 104, 106
チュリゲラ一族
　　——，アルベルト・デ …………… 95
　　——，ホアキン・デ ……………… 95
　　——，ホセ・ベニト・デ ………… 95
チュリゲラ様式 ………………………… 95
ツィンマーマン兄弟 ………… 100, 101, 111
　　——，ドミニクス ………………… 100
　　——，ヨハン・バプティスト …… 101
ツヴィンガー宮 ………………………… 99
ディアナの家 …………………………… 21
ディー・ヴィースの巡礼教会堂 …… 101
ディエゴ・デ・シロエ ………………… 94
ディーンツェンホーファー一族
　　——，ヴォルフガング …………… 107
　　——，キリアン・イグナーツ …… 107
　　——，クリストフ ………………… 107
　　——，ゲオルク …………………… 107
　　——，ヨハン ……………………… 107
　　——，レオンハルト ……………… 107
テッシン一族
　　——，カール・グスタフ ………… 109
　　——，ニコデムス(子) …………… 109
　　——，ニコデムス(父) …………… 109
デュケネー，
　　フランソワ・アレクサンドル …… 134
デュテール，
　　シャルル・ルイ・フェルディナン … 137
デュラン，
　　ジャン・ニコラ・ルイ ……… 115, 119
デール・エル・バハリ
　　ハトシェプスト女王葬祭神殿 ……… 8
　　メントゥホテプⅡ世葬祭神殿 ……… 8
テンプル・ミル ………………………… 132
トゥイステッド・コラム ……………… 76
ドウヴァー城 …………………………… 59
塔門 ……………………………………… 6
尖りアーチ ………………………… 48, 50
ド・ケイ，リーフェン ………………… 91
ド・コット，ロベール ………………… 111
トスカナ式 ………………………… 23, 27

ドブソン，ジョン ……………………… 134
ドーム ………………… 22, 33, 38, 40, 90
ドムス …………………………………… 20
トメ，ナルシソ ………………………… 95
ド゠ラ゠ヴァレ，シモン ……………… 108
ド゠ラ゠ヴァレ，ジャン ……………… 108
トランセプト ……………………… 28, 62
トリグリフ ……………………… 26, 72, 74
ドリス式 …………………… 14, 17, 25, 26, 72
トリニティー・チャーチ ……………… 131
トリノ
　　サンティッシーマ・シンドーネ礼拝 … 80
　　サン・ロレンツォ聖堂 …………… 80
　　修道院教会堂スペルガ …………… 80
　　パラッツィーナ・ディ・ストゥピニージ
　　　……………………………………… 80
　　パラッツォ・カリニャーノ ……… 80
　　パラッツォ・マダマ ……………… 80
トリビューン …………………………… 50
トリフォリウム ………………………… 50
トレーサリー ……………………… 54, 55
トレッシーニ，ドメニコ ……………… 107
トレド大聖堂 …………………………… 95
　　トランスパレンテ ………………… 95
トレド，ホアン・バティスタ・デ …… 93
ドロルム，フィリベール ………… 83, 84
トロンプ ………………………………… 29

〈な 行〉

ナイト，リチャード・ペイン ………… 120
ナオス …………………………………… 15
ナッシュ，ジョン ……………………… 121
ナルテックス …………………………… 28
西構え（ヴェストヴェルク）………… 41
ニネヴェ ………………………………… 9
ニーム
　　ポン・デュ・ガール ……………… 20
　　メゾン・カレ ……………………… 24
ニムルド ………………………………… 9
ニューカッスルのセントラル・
　　ステーション ……………………… 134
ニュルンベルク市庁舎 ………………… 98
ネオ・ギリシア …………………… 127, 128

ネオ・ゴシック ………………… 125-128
ネオ・バロック ………………… 127
ネオ・ルネサンス ……………… 127,130
ネオ・ローマ …………………… 127
ネオ・ロマネスク ……………… 127,130
ネノ, ポール・アンリ ………… 130
ノイマン,
　ヨハン・バルタザール ……… 99,111
ノートル・ダム・ル・グラン聖堂 …… 44

〈は 行〉

ハイデルベルグの城館 ………… 97
パイロン ………………………… 6
ハウズ …………………………… 33
パエストゥム
　ケレス神殿 …………………… 17
　バシリカ ……………………… 17
　ポセイドン神殿 ……………… 17
バシリカ ………………………… 20
バシリカ式 ……………… 27-29,40,68
バース
　クイーンズ・スクエア ……… 104
　サーカス ……………………… 104,105
　ロイヤル・クレセント ……… 104,105
ハースドルフ,
　カスパー・フレデリック …… 109
バスビー,
　チャールズ・オーガスタス … 120
ハーゼナウアー, カール ……… 128
バターフィールド, ウィリアム … 123
パックストン, ジョゼフ ……… 135,136
パッサージュ …………………… 128
ハッラー, マルティン ………… 130
バートン, デシマス …………… 136
バビロン ………………………… 10,11
ハファジャの楕円形神殿遺跡 …… 9
ハーフ・ティンバー …………… 62
ハミルトン, トーマス ………… 117
パラッツォ ……………… 68,83,92
パラーディオ, アンドレア …… 74,82,92
パラーディオ主義 ……………… 102,105
パリ
　アンヴァリッド ……………… 90

エッフェル塔 …………………… 136
エトワールの凱旋門 …………… 116,117
オテル・ド・スビーズ ………… 111
オテル・ド・マティニョン …… 111
オペラ座(オペラ・ガルニエ) … 128,129
カルーゼルの凱旋門 …………… 116,117
ガール・デュ・ノール ………… 134
ガール・ド・レスト …………… 134
機械館 …………………………… 136
国立図書館 ……………………… 135
コンコルド広場 ………………… 90
サクレ・クール聖堂 …………… 130
サン・トゥジェーヌ教会堂 …… 133
サント・クロチルド教会堂 …… 125
サント・シャペル ……………… 50
サント・ジュヌヴィエーヴ図書館 … 135
市門 ……………………………… 115
ソルボンヌの教会堂 …………… 85
中央市場 ………………………… 135
パリ大聖堂 ……………………… 51
パレ・ロワイヤル ……………… 111
パンテオン ……………………… 90
メゾンの邸館 …………………… 86
ラ・マドレーヌ教会堂 ………… 116,117
リシュリュー館 ………………… 135
ルーヴル宮 ……………… 85,90,117
バリー, チャールズ …………… 125,130
バリュ, テオドール …………… 125
バーリントン卿(リチャード・ボイル)
　………………………………… 105
バルタール, ヴィクトル ……… 135
バルタール・パヴィリオン …… 135
ハーレンキルヘ ………………… 57
バーロウ, ウィリアム・ヘンリー …… 134
バロック ………………… 72,76-78,80-83,
　　94-98,103,104,107,110,111,113,127
ハンガリー国会議事堂 ………… 126
パンサの家 ……………………… 21
ハンセン,
　クリスチャン・フレデリック …… 109
バンフォード=ヘスケス,
　ロイド・ヘスケス …………… 120
ハンブルク市庁舎 ……………… 130

ハンマービーム ……………………… 60
ピア ……………………………………… 49
ピエルフォン城 ……………………… 59
ピクチュアレスク ……… 90, 120-122, 124
ピサ大聖堂 …………………………… 45
ビザンチン ……………… 29, 32, 37, 107
ビザンチン建築 ……………… 29-32, 37
日干し煉瓦 …………………………… 8
ピュージン, オーガスタス・ウェルビー・
　ノースモア ……………………… 124
ビュラン, ジャン …………………… 83
ピラミッド …………………………… 5, 6
ビルディング・タイプ ……………… 21
ヒルデスハイムのザンクト・ミヒャエル
　……………………………………… 39
ヒルデブラント,
　ヨハン・ルーカス・フォン ………… 99
ビンデスベル, ゴットリーブ ……… 122
フィアツェーンハイリゲンの巡礼教会堂
　……………………………………… 99
フィッシャー・フォン・エルラッハ,
　ヨハン・ベルンハルト ………… 98, 99
フィッシャー, ヨハン・ミヒャエル
　…………………………………… 100, 111
フィレット …………………………… 26
フィレンツェ
　オスペダーレ・デッリ・
　　インノチェンティ ……………… 66
　サント・スピリト聖堂 ……………… 67
　サン・ロレンツォ聖堂 ……………… 72
　パッツィ家礼拝堂 …………………… 67
　パラッツォ・メディチ ……………… 68
　フィレンツェ大聖堂 …………… 23, 66
　メディチ家礼拝堂 …………………… 72
フェルステル,
　ハインリッヒ・フォン …………… 125
フォリー ……………………………… 120
フォルム ……………………………… 20
フォンタナ, カルロ ………… 80, 99, 105
フォンテーヌ, ピエール …………… 117
フォンテーヌブローの城館 …… 83, 84
プーサン, ガスパール ……………… 120
フマーユーンの墓廟 ………………… 35

プライス, ウヴェデール …………… 120
フライング・バットレス ………… 48, 49
ブラウン, ランスロット
　（ケイパビリティー・ブラウン） …… 104
フラ・ジョコンド …………………… 83
プラテレスコ …………………… 94, 96
プラハ
　スタレー・ムニェストの聖ニコラス教会堂
　……………………………………… 107
　マラー・ストラナの聖ニコラス教会堂
　……………………………………… 107
ブラマンテ, ドナト …………… 70, 72
プランタウアー, ヤコプ …………… 99
フランボワヤン ……………………… 54
フリーズ ………………………… 26, 72
ブリュッセル
　グラン・プラス ……………………… 60
　裁判所 ……………………………… 132
　市庁舎 ……………………………… 60
ブルクハルト, ヤコプ ……………… 81
ブルゴス大聖堂 ……………………… 58
ブルネッレスキ, フィリッポ …… 66-68
ブレー, エティエンヌ・ルイ
　…………………………… 109, 114-116
ブレニム宮 …………………………… 104
プレ・ロマネスク …………………… 37
プロナオス …………………………… 15
プロポーション ……………… 25, 71, 122
ブロワ
　オルレアン公の翼屋 ……………… 86
　ブロワの城館 ……………………… 83
ブロンデル, ジャック＝フランソワ
　……………………………… 91, 101, 106
ブロンデル, フランソワ …………… 91
ベイ ……………………………… 40, 49
ベックフォード, ウィリアム ……… 120
ベックマン, ヴィルヘルム ………… 132
ペッペルマン, マテウス・ダニエル … 99
ペディメント ……………… 25, 71, 74, 91, 122
　オープン・ペディメント …………… 71
　ブロークン・ペディメント …… 71, 72
ペトラのカズネ ……………………… 24
ペラエール, ジョゼフ ……………… 132

ペルシエ, シャルル ·················· 117
ペルセポリスの宮殿 ················ 12
ペルッツィ, バルダッサーレ ········ 72, 74
ベルニーニ, ジョヴァンニ・ロレンツォ
　······················ 77-80, 86, 103
ベルリン
　アルテス・ムゼウム ············· 118
　シャウスピールハウス ············· 118
　ドイツ帝国議会議事堂 ············ 128
　動物園 ···························· 132
　ブランデンブルグ門 ·············· 119
ペロー, クロード ··················· 86
ペンデンティヴ・ドーム ········ 29-31, 33
ポインティド・アーチ ··············· 48
ボーヴェ大聖堂 ····················· 50
ボガズキョイ ························ 9
ホークスムア, ニコラス ········ 103, 104
ポスト, ピーテル ···················· 92
ボッロミーニ, フランチェスコ ···· 77-79
ボノミ, ジョゼフ ··················· 132
ボフラン, ジェルマン ··············· 111
ポリクロミー ······················ 122
ホル, エリアス ····················· 97
ポルタ・ニグラ ····················· 24
ホーレマン, カール ················· 109
ボワロー, ルイ＝オーギュスト ······ 133
ポンティニーの修道院教会堂 ········ 43

〈ま 行〉

マウリッツハイス ·················· 92
マスタバ ···························· 5
マーストリヒト市庁舎 ··············· 92
マチュカ, ペドロ ···················· 93
マデルノ, カルロ ···················· 77
マドリード
　エル・エスコリアル ··············· 93
　王宮 ····························· 96
マナー・ハウス ····················· 59
マニエリスム ·········· 70-72, 74, 76, 81, 83
マヌエル様式 ······················ 96
マリア・ラーハ聖堂 ················· 41
マンサード屋根 ····················· 86
マンサール, フランソワ ·········· 86, 88

マンチェスター市庁舎 ·············· 126
マントヴァ
　サン・タンドレア聖堂 ············· 68
　ジュリオ・ロマーノ自邸 ··········· 74
　パラッツォ・デル・テ ············· 74
ミアワース・カースル ············· 105
ミーク, リシャール ················· 90
ミケランジェロ・ブオナローティ ··· 72, 77
ミケロッツォ・ディ・バルトロメオ ··· 68
ミシュレ, ジュール ················· 65
ミドルセックス
　ストロベリー・ヒル ·············· 120
　ハンプトン・コート宮 ········ 60, 103
ミナレット ························· 32
ミヒラブ ··························· 32
ミュケナイ
　アガメムノンの墓 ················ 13
　アトレウスの宝庫 ················ 13
　獅子門 ··························· 13
ミュンヘン
　アマリエンブルク宮 ·············· 101
　グリュプトテーク ················ 119
　国立図書館 ······················ 131
　ザンクト・ミヒャエル聖堂 ········ 97
　ザンクト・ヨハネス・ネポムク教会堂
　　····························· 100
　ニュンフェンブルク宮 ············ 101
ミラノ大聖堂 ······················· 58
ミリツィア, フランチェスコ ······· 116
ミンバール ························· 32
ムカルナス ························· 33
メガロン ··························· 13
メッソニエ, ジュスト＝オーレル ····· 111
メルクのベネディクト会修道院 ······ 99
モスク ····························· 32
モスクワ
　ヴラガヴェシェンスキー大聖堂 ····· 32
　聖バシリ ························· 32
　パシュコフ宮 ···················· 108
モドゥルス ························· 25
モールディング ······················ 3

〈や 行〉

ユヴァッラ, フィリッポ ……………… 80, 96
ヨーク大聖堂 ………………………………… 55

〈ら 行〉

ラヴェンナ
 サン・ヴィターレ …………………… 29
 サン・タポリナーレ・イン・クラッセ
 …………………………………………… 29
ラスキン, ジョン ……………………… 124
ラストレッリ, バルトロメオ ………… 107
ラドクリフ・カメラ …………………… 105
ラブルースト, アンリ ………………… 135
ラ・マドレーヌ聖堂 …………………… 42
ラングハンス, カール・ゴットハルト
………………………………………………… 119
ランス大聖堂 …………………………… 51
ラン大聖堂 ……………………………… 51
リーグル, アロイス ……………… 26, 81
リチャードソン, ヘンリー・ホブソン
………………………………………………… 131
リックマン, トーマス ……… 120, 121, 133
リベラ, ペドロ・デ ……………………… 95
リュネヴィルの城館 …………………… 111
リンカーン大聖堂 ……………………… 55
ルイ14世様式 …………………………… 110
ルイ15世様式 …………………………… 110
ル・ヴォー, ルイ ………………………… 86
ルクー, ジャン=ジャック ……………… 114
ルスティカ ……………………………… 68
ルドゥー, クロード・ニコラ …… 114-117
ルネサンス ………… 48, 65-71, 76, 81-83,
  91, 97, 98, 107, 113, 122, 124, 130-132
ル・ノートル, アンドレ ………………… 88
ル・ブラン, シャルル …………………… 88
ルメルシエ, ジャック …………………… 86
ルントボーゲンシュティール
 (半円アーチ様式) ……………………… 131
レイデン市庁舎 ………………………… 91
レイヨナン ……………………………… 54
レヴェット, ニコラス …………… 114, 122
レオナルド・ダ・ヴィンチ ……………… 83
レグラ …………………………………… 26
レスコー, ピエール …………………… 83-85
レン, クリストファー ……………… 102, 104
ロイトナー, アブラハム ……………… 107
ロイヤル・パヴィリオン ……………… 121
ロカイユ ………………………………… 110
ロココ …………… 98, 110, 111, 113, 114
ロジエ, マルク=アントワーヌ … 114, 116
ロータス文様 …………………………… 26
ロッシ, カルル・イヴァノヴィッチ … 108
ロードリ, カルロ ……………………… 116
ローマ
 イル・ジェズ聖堂 …………………… 74
 ヴィットリオ・エマヌエレ2世記念堂
 …………………………………… 128, 129
 カラカラの浴場 ……………………… 21
 カンピドリオ広場 …………………… 72
 コロセウム …………………………… 23
 コロネード …………………………… 77
 サン・カルロ・アッレ・クワトロ・
 フォンターネ聖堂 …………………… 78
 サン・タニェーゼ聖堂 ……………… 79
 サン・ティーヴォ・デッラ・
 サピエンツァ聖堂 …………………… 78
 サン・ピエトロ・イン・
 モントリオ修道院教会堂 …………… 70
 サン・ピエトロ大聖堂 …… 23, 66, 72, 78
 スカラ・レジア ……………………… 77
 セプティミウス・セヴェルスの凱旋門
 ………………………………………… 23
 セント・ポールズ・アメリカン・
 チャーチ …………………………… 130
 ディオクレティアヌスの浴場 ……… 21
 テンピエット ………………………… 70
 トライアヌスの円柱 ………………… 23
 ナヴォナ広場 ………………………… 79
 パラッツォ・キジ・オデスカルキ … 77
 パラッツォ・マッシーモ …………… 74
 パンテオン ……………………… 12, 23
ロマネスク
 …… 28, 38-42, 44, 45, 49-51, 127, 131, 132
ロマーノ, ジュリオ …………………… 74
ロラン, クロード ……………………… 120

ロンドン
　イギリス国会議事堂 …………… 126
　イングランド銀行 ………………… 117
　オール・セインツ教会堂 ………… 123
　キュー・ガーデン …………… 106, 136
　　十重の塔 ………………………… 106
　　パーム・ハウス ………………… 136
　キングズ・クロス駅 ……………… 134
　クリスタル・パレス(水晶宮) …… 135
　サマセット・ハウス ……………… 106
　セント・アン教会 ………………… 104
　セント・ジェイムズ・ザ・レス教会堂
　　……………………………………… 123
　セント・パンクラス駅の
　　プラットフォーム ……………… 134
　セント・ポール大聖堂 …………… 103
　セント・マーティン・イン・ザ・
　　フィールズ教会堂 ……………… 105
　ソーン自邸 ………………………… 117
　チズウィック・ハウス …………… 105
　トラヴェラーズ・クラブ ………… 130
　ニュー・スコットランド・ヤード … 123
　ブリティッシュ・ミュージアム
　　(大英博物館) …………………… 117
　ホワイトホール宮 ………………… 102
　　バンケッティング・ハウス …… 102
　リフォーム・クラブ ……………… 130
ロンバルド帯 ………………………… 39

〈わ　行〉

ワイヤット，ジェイムズ ……… 120, 121

著者略歴
吉田 鋼市（よしだ・こういち）
- 1970年　横浜国立大学工学部建築学科卒業
- 1977年　京都大学大学院工学研究科建築学専攻博士課程単位取得退学
- 1973年～75年　エコール・デ・ボザール UP6 在学
  （フランス政府給費留学生）
- 1983年　工学博士（京都大学）
- 1997年　横浜国立大学工学部教授（建築学科）
- 2001年　横浜国立大学大学院工学研究院教授
- 2013年　横浜国立大学名誉教授
  現在に至る
- 担当科目　西洋建築史，近代建築史
- 主要著書　『アール・デコの建築』（中公新書）中央公論新社（2005）
  『トニー・ガルニエ「工業都市」注解』中央公論美術出版（2004）
  『オーダーの謎と魅惑－西洋建築史サブノート』彰国社（1994）
  『トニー・ガルニエ』（SD選書）鹿島出版会（1993）
  『オーギュスト・ペレ』（SD選書）鹿島出版会（1985）
  『建築美学』（訳書）南洋堂出版（1982，1991）

建築学入門シリーズ
西洋建築史　　　　　　　　　　　　　　　　Ⓒ 吉田鋼市　2007

2007年 7月10日　第1版第1刷発行	【本書の無断転載を禁ず】
2013年12月20日　第1版第4刷発行	

著　者　吉田鋼市
発行者　森北博巳
発行所　森北出版株式会社

東京都千代田区富士見1-4-11（〒102-0071）
電話 03-3265-8341／FAX 03-3264-8709
http://www.morikita.co.jp/
日本書籍出版協会・自然科学書協会　会員
JCOPY ＜(社)出版者著作権管理機構　委託出版物＞

落丁・乱丁本はお取替えいたします　　印刷／日経印刷・製本／協栄製本

Printed in Japan／ISBN 978-4-627-50561-2